Gu

et autres contes

Adaptation de **Sarah Guilmault**
Illustrations de **Greta Cencetti**

Rédaction : Sarah Negrel
Conception graphique et direction artistique : Nadia Maestri
Mise en page : Carlo Cibrario-Sent, Simona Corniola
Recherche iconographique : Alice Graziotin

© 2014 Cideb

Première édition : janvier 2014

Crédits photographiques : Istockphoto ; Dreams Time ; Shutterstock
Images ; Rue des Archives/Tips images : 4,5 ; © Mauritius/
CuboImages : 42 ; Fine art images/Tips Images : 43 ; Viel/Tips
Images : 44 ; Melina63140 : 62 ; Saga70 : 63 ; © Gusman/Leemage/
Mondadori Portfolio : 87 ; Abeles/Tips Images : 88 ; Stephane
LEITENBERGER/REA/Contrasto : 90.

Pour toute suggestion ou information, la rédaction peut être
contactée à l'adresse suivante :
info@blackcat-cideb.com
blackcat-cideb.com

Member of CISQ Federation

RINA
ISO 9001:2008
Certified Quality System

IQNet

The design, production and distribution of educational materials
for the CIDEB brand are managed in compliance with the rules of
Quality Management System which fulfils the requirements of the
standard ISO 9001 (Rina Cert. No. 24298/02/S - IQNet Reg. No. IT-80096)

ISBN 978-88-530-1424-5   Livre + CD

Imprimé en Italie par Litoprint, Gênes

Sommaire

Le texte est intégralement enregistré.

 Ce symbole indique les chapitres et les activités enregistrés et le numéro de leur piste.

DELF Les exercices qui présentent cette mention préparent aux compétences requises pour l'examen.

Guy de Maupassant

Où et quand est-il né ? Il est né le 5 août 1850 au château de Miromesnil, à Tourville-sur-Arques en Normandie.

Où a-t-il passé son enfance ?
Maupassant passe une grande partie de son enfance à Étretat, où il grandit entre mer et campagne, dans l'amour de la nature et des sports de plein-air.

Quelle est sa formation ?
Sa mère, passionnée de littérature et amie de l'écrivain Gustave Flaubert, l'encourage et lui sert de guide dans ses lectures.

Après son baccalauréat, Maupassant part étudier le droit à Paris. Il participe à la guerre franco-prussienne de 1870. À la fin de la guerre, il travaille dans plusieurs ministères mais le soir, il se concentre sur ses travaux littéraires. En 1875, il commence à publier ses premiers contes. Il consacre ses loisirs à l'écriture, mais il se distrait aussi en faisant du canotage sur la Seine, le dimanche et pendant les vacances.

Quelle est la période la plus importante dans la carrière de l'écrivain ?
La période allant de 1880 à 1890 est la plus féconde pour Maupassant. Il abandonne son emploi au ministère et se consacre totalement à l'écriture : il publie six romans et plus de 300 nouvelles. En 1883, il termine son premier roman, *Une Vie*, dont l'écriture lui a pris six ans. Cependant, sa maladie, la syphilis, l'affaiblit toujours plus. Il se plonge dans la solitude et le travail littéraire.

Carte postale de la terrasse du Casino d'Étretat en Normandie, 1910.

Comment finit-il sa vie ?

Peu à peu, l'écrivain éprouve un sentiment de mal être et est victime d'hallucinations. Il est interné dans une maison de santé à Paris où il meurt le 6 juillet 1893, après 18 mois d'inconscience presque totale. Il est enterré au cimetière du Montparnasse, à Paris.

Les nouvelles que vous allez lire

Apparition, 1883

La confession, 1883 (paru dans *Apparition*)

La parure, 1884 (paru dans *Contes du Jour et de la Nuit*)

Le tic, 1884 (paru dans *Contes du Jour et de la Nuit*)

Quelques œuvres de l'écrivain

Une Vie, 1883

Bel-Ami, 1885

Pierre et Jean, 1887-1888

Son style et son écriture

Maupassant revendique une « langue claire, logique et nerveuse ». Son écriture se situe dans le mouvement réaliste et naturaliste.

Compréhension écrite

1 Lisez le dossier, puis remettez les phrases de la biographie de Maupassant dans l'ordre chronologique. Attention, certaines phrases sont fausses !

a ☐ Guy de Maupassant a passé son baccalauréat, puis il est allé à Paris.

b ☐ Il est né à Paris, le 5 août 1850.

c ☐ Il grandit dans l'amour de la nature et des sports de plein-air.

d ☐ Il participe à la guerre franco-prussienne de 1870.

e ☐ Sa mère lui transmet la passion de la littérature et le guide dans ses lectures.

f ☐ Guy de Maupassant est né en Normandie, le 5 août 1850.

g ☐ Il meurt à Paris, le 6 juillet 1893.

h ☐ La période la plus féconde de l'auteur va de 1880 à 1890.

i ☐ Après son bac, il va à Étretat pour étudier le droit.

j ☐ Zola est un ami de la famille et aide Maupassant dans ses débuts littéraires.

2 Complétez les définitions avec les mots qui se trouvent dans le dossier.

1 La région où se trouve Étretat : la ....

2 Le nom de l'écrivain, ami de famille : ....

3 La matière étudiée par Maupassant : le ....

4 Les genres de ses écrits : les ....,
les .... et les ....

5 La ville où il est enterré : ....

6 Le titre de son premier roman : ....

Apparition

CHAPITRE 1

Un ami de jeunesse

Comme tous les samedis soirs, je me trouve chez des amis. Avant de nous quitter, nous décidons que chacun d'entre nous racontera une histoire qui lui est arrivée...

Un vieux marquis se lève et va s'appuyer contre le rebord de la cheminée. Il est âgé de quatre-vingt-deux ans. Il commence à parler d'une voix tremblante :

— Il y a longtemps, il m'est arrivé une aventure horrible qui m'a laissé une terrible peur dans l'âme. Cela fait maintenant cinquante-six ans que cette histoire m'obsède : j'en rêve parfois dans mon sommeil, et à chaque fois que la nuit tombe, j'ai peur. Aujourd'hui, pour la première fois, j'ose dévoiler le secret. À mon âge, on peut tout dire. Je n'ai jamais eu peur des dangers véritables, mais quant aux dangers imaginaires...

Un jour, je marchais tranquillement dans la rue lorsque je suis tombé par hasard sur un ami de jeunesse. Je ne l'avais pas vu depuis plusieurs années et il semblait avoir beaucoup vieilli. Il avait les cheveux blancs, et il était courbé[1] comme s'il était épuisé. Il m'a alors raconté le malheur qui a brisé[2] sa vie.

Il avait épousé une jeune fille qu'il aimait passionnément. Mais après un an de bonheur intense, sa femme adorée est morte, d'un seul coup, d'une maladie de cœur. Poursuivi par le souvenir de son épouse, le marquis a décidé de quitter pour toujours le château où ils ont vécu si heureux ensemble et il est venu vivre à Rouen, seul et désespéré.

Cela faisait quelques minutes que nous parlions, lorsque soudain, il m'a regardé avec une lueur d'intensité que je ne lui avais pas vu auparavant. C'est alors qu'il a prononcé ces mots qui ont changé, par la suite, le cours de ma vie.

— Puis-je te demander de me rendre un service ? Il faut te rendre à mon château pour récupérer des lettres qui se trouvent dans ma chambre, dans le tiroir de mon secrétaire. Je te le demande à toi car tu es la seule personne en qui j'ai toujours eu confiance. Moi, je ne veux plus jamais entrer dans cette demeure. Demain, je te donnerai la clef de ma chambre et de mon secrétaire ainsi qu'une lettre pour mon jardinier.

Il semblait bouleversé, agité, préoccupé comme s'il menait un mystérieux combat. Je lui ai promis de le faire. Son château se trouvait à peu près à une heure de cheval de chez moi.

Le lendemain, après être allé chez lui récupérer les clefs, j'accomplissais ma mission. Le temps était magnifique et mon cheval trottait allègrement dans la forêt. Je me sentais le cœur joyeux et léger. À la sortie du bois, j'ai aperçu le château : il semblait abandonné depuis longtemps. J'ai frappé à la porte. Le jardinier est sorti. Je lui ai tendu la lettre : il l'a lue, relue, regardée, retournée.

---

1. **Courbé** : plié, incliné.　　　2. **Briser** : casser.

Puis il m'a dit d'un air étrange :

— Qu'est-ce que vous voulez ?

— C'est écrit dans la lettre, non ?

— Vous voulez vraiment aller dans sa chambre ? C'est que... elle n'a pas été ouverte depuis...

— J'ai la clef, je peux y aller tout seul, je n'ai besoin de personne. Dites-moi seulement comment je dois faire pour m'y rendre !

J'ai suivi les instructions du jardinier et j'ai monté les marches de l'escalier qui menait à l'étage. Il y avait un long couloir au bout duquel se trouvait la chambre de mon ami. J'ai glissé la clé dans la serrure, j'ai ouvert la porte et je suis entré. À l'intérieur, tout était sombre et il y avait une odeur de moisi. Je me suis dirigé à tâtons[3] vers la fenêtre pour ouvrir les volets. J'ai eu beau rassembler toutes mes forces, m'y reprendre à plusieurs fois, impossible de les ouvrir. Mes yeux se sont progressivement habitués à l'obscurité. J'ai trouvé une bougie et je l'ai allumée. Je ressentais une sensation étrange. La pièce était en désordre avec un lit placé au milieu, sans draps. Un des oreillers portait la trace profonde d'une tête comme si quelqu'un venait tout juste d'y passer la nuit. La pièce semblait abandonnée depuis longtemps, pourtant, il y régnait le désordre d'une pièce habitée. Je me suis assis dans le fauteuil devant le secrétaire et j'ai ouvert le tiroir pour prendre les lettres. J'étais concentré sur ma recherche quand, tout à coup, j'ai senti un mouvement presque imperceptible : comme si quelqu'un venait de frôler mon bras droit. Un frisson[4] a parcouru tout mon corps. « C'est mon imagination qui me joue des tours » ai-je pensé. Puis au moment où je prenais le paquet de lettres, j'ai entendu un soupir dont j'ai senti le souffle d'air jusque dans mon cou.

3. **À tâtons** : les mains en avant dans l'obscurité.
4. **Un frisson** : un frémissement.

Compréhension écrite et orale

DELF **1** Écoutez l'enregistrement du chapitre, puis dites si les affirmations sont vraies (V) ou fausses (F).

		V	F
1	Nous sommes samedi soir, chacun doit raconter une histoire.	☐	☐
2	L'histoire a laissé une impression agréable à l'homme qui la raconte.	☐	☐
3	Un jour, le marquis rencontre un ami de jeunesse dans la rue.	☐	☐
4	Cet ami lui demande de lui rendre un service.	☐	☐
5	Le marquis doit récupérer des vêtements.	☐	☐
6	Le marquis accepte et se rend à cheval au château de son ami.	☐	☐
7	Le jardinier l'accompagne jusqu'à la chambre.	☐	☐
8	Dans la chambre, le marquis a une sensation étrange.	☐	☐

2 Relisez la première partie du chapitre, cochez les affirmations exactes, puis corrigez celles qui sont fausses.

1 ☐ À la fin de la soirée, chacun raconte une histoire vraie.

....

2 ☐ C'est un vieil empereur qui parle.

....

3 ☐ Il lui est arrivé une aventure horrible dans sa jeunesse.

....

4 ☐ Cette aventure est devenue une obsession et parfois il en rêve.

....

5 ☐ Il a rencontré un ami qui semblait avoir beaucoup vieilli.

....

6 ☐ Cet ami a perdu sa femme qu'il aimait passionnément.

....

7 ☐ L'ami vit à Rouen dans son château.

....

3 Relisez la deuxième partie du chapitre, puis cochez la ou les case(s) correspondant à chaque personnage : le marquis (M), l'ami de jeunesse (A) ou le jardinier (J).

	M	A	J
1 Il semblait bouleversé, agité et préoccupé.	☐	☐	☐
2 Il accomplissait sa mission.	☐	☐	☐
3 Il se sentait le cœur joyeux et léger.	☐	☐	☐
4 Il est sorti et il a lu la lettre.	☐	☐	☐
5 Il a parlé au marquis avec un air étrange.	☐	☐	☐
6 Il a donné des instructions au marquis pour trouver la chambre.	☐	☐	☐
7 Il ressentait une sensation étrange.	☐	☐	☐
8 Il a senti un mouvement imperceptible et a entendu un soupir.	☐	☐	☐

4 Indiquez les actions que le marquis doit accomplir pour récupérer les lettres.

1 ☐ ouvrir une armoire   4 ☐ ouvrir un tiroir

2 ☐ allumer une bougie   5 ☐ trouver une clé

3 ☐ trouver le secrétaire   6 ☐ prendre les lettres

Grammaire

Le plus-que-parfait

*Il **avait épousé** une jeune fille qu'il aimait passionnément.*

Formation
Le plus-que-parfait est un temps composé. Pour le former, on utilise l'auxiliaire **être** ou **avoir** conjugué à l'imparfait de l'indicatif et on ajoute le participe passé du verbe.

Emploi
Il exprime l'antériorité d'un événement par rapport à un autre événement passé. Il est donc souvent employé avec un autre temps du passé (imparfait, passé composé…).

5 Voici une liste de verbes tirés du chapitre 1. Quels sont ceux utilisés au plus-que-parfait dans le chapitre ?

☐ décider   ☐ arriver   ☐ voir   ☐ venir   ☐ épouser

6 Vous racontez l'histoire du marquis à un ami. Conjuguez les verbes entre parenthèses au plus-que-parfait.

Il est arrivé une histoire étrange au marquis. Il a rencontré un ami d'enfance qu'il (*ne pas voir*) .... depuis des années. Cet ami avait l'air très malheureux. Le marquis lui a demandé ce qui lui (*arriver*) .... Son ami lui a raconté que la femme qu'il (*épouser*) .... était morte. Ils (*vivre*) .... un bonheur intense ensemble, et depuis ce terrible événement, il se sentait seul et abandonné. Ainsi, il (*décider*) .... d'aller vivre à Rouen. Il a demandé au marquis d'aller dans son château pour prendre des lettres. Le marquis n'a pas compris pourquoi il voulait les récupérer, mais le jour suivant, il a accompli sa mission.

7 Conjuguez les verbes entre parenthèses au temps du passé qui convient.

1   Chacun (*devoir*) .... raconter une histoire qui lui (*arriver*) ....

2   J'ai raconté que j' (*rencontrer*) .... un ami qui semblait malheureux.

3   Il était triste parce qu'il avait épousé une femme qui (*être*) .... morte un an après.

4   Ils (*vivre*) .... des années merveilleuses ensemble avant qu'elle ne tombe malade.

5   Comme il (*se sentir*) .... seul dans son château, il (*aller*) .... vivre en ville.

6   Il m'a dit qu'il (*vouloir*) .... se remarier mais qu'au dernier moment, il (*changer*) .... d'avis.

Enrichissez votre **vocabulaire**

8 Associez chaque phrase à sa signification.

1 « Aujourd'hui, pour la première fois, j'ose dévoiler le secret. »
   a ☐ Il a déjà parlé de ce secret à quelqu'un.
   b ☐ Il n'avait encore jamais parlé de ce secret.
   c ☐ Il pense qu'un secret ne doit jamais être dévoilé.

2 « Je n'ai jamais eu peur des dangers véritables mais quant aux dangers imaginaires... »
   a ☐ Il a peur de tous les dangers.
   b ☐ Il n'a peur d'aucun danger.
   c ☐ Il a seulement peur des dangers imaginaires.

3 « C'est mon imagination qui me joue des tours. »
   a ☐ Il est victime de son imagination.
   b ☐ Il est maître de son imagination.
   c ☐ Il joue avec son imagination.

9 Observez la photo, puis indiquez le nom des objets.

Production écrite et orale

DELF **10** Avez-vous déjà dévoilé un secret ? Expliquez pourquoi.

DELF **11** Qu'est-ce qui vous fait peur dans la vie ? Racontez.

CHAPITRE **2**

La rencontre

Je me suis rassuré en me disant qu'il s'agissait d'un courant d'air, après tout j'avais laissé la fenêtre ouverte à cause de l'odeur de moisi[1]. Mais au bout d'une minute, j'ai senti de nouveau un mouvement me frôler. J'essayais de penser à autre chose, de me concentrer sur les lettres que mon ami m'avait demandées de lui rapporter quand le bruit d'un pénible soupir contre mon oreille m'a fait faire un bond à deux mètres de distance. Dans mon élan, je me suis retourné d'un seul coup. Une grande femme vêtue de blanc me regardait, debout derrière le fauteuil où j'étais assis quelques secondes auparavant. J'étais bouleversé. Vous ne pouvez pas savoir ce que c'est ! J'avais l'impression que tout à l'intérieur de

---

1.   **Moisi** : humidité due au manque d'air.

moi s'écroulait. Mon corps était devenu tout mou. La femme s'est mise à parler. J'avais peur, mais en même temps, entendre sa voix me rassurait : si elle parlait, c'était la preuve qu'elle ne pouvait pas être un fantôme. Je ne croyais pas aux fantômes.

Elle a dit d'une voix douce et douloureuse à la fois :

— Monsieur, pouvez-vous me rendre un grand service ?

Je n'ai pas réussi à lui répondre. J'ai fait oui de la tête.

— Vous pouvez me sauver, vous savez, car je souffre horriblement.

Puis elle s'est assise dans le fauteuil devant le secrétaire. Moi, je ne bougeais pas, j'étais paralysé et je ne pouvais rien faire d'autre que l'écouter. Elle m'a tendu un peigne.

— S'il vous plaît, peignez-moi ! Cela va me guérir. Regardez ma tête et mes cheveux, ils me font si mal…

Ses cheveux dénoués étaient très longs, très noirs, ils arrivaient jusqu'au sol. J'ai pris le peigne et, je ne sais toujours pas pourquoi, j'ai commencé à peigner ses cheveux. Ils semblaient de glace, j'avais l'impression de toucher des serpents. Je peignais ses cheveux et pendant que je les peignais, elle soupirait de bonheur. Tout à coup, elle m'a dit : « Merci ! » m'a arraché [2] le peigne des mains et s'est enfuie par la porte qui était restée ouverte.

Pendant quelques secondes, j'ai eu la sensation que je me réveillais d'un cauchemar [3]. Puis j'ai pris les paquets de lettres que j'avais laissés sur le secrétaire. Je suis sorti précipitamment de la chambre, j'ai couru dans l'escalier et récupéré mon cheval que j'ai enfourché aussi vite que possible. Nous avons galopé pendant tout le chemin du retour.

---

2. **Arracher** : prendre avec force.
3. **Un cauchemar** : mauvais rêve.

Quand je suis arrivé à Rouen, je me suis enfermé dans ma chambre pour réfléchir. Tout ça n'était qu'une hallucination, le fruit de mon imagination. C'était certainement nerveux, cette femme vêtue de blanc ne pouvait pas être un fantôme. J'étais déjà convaincu d'avoir été victime d'une vision lorsque mes yeux ont aperçu de longs cheveux noirs enroulés autour des boutons de ma chemise blanche. De mes doigts tremblants, je les ai pris un à un et les ai jetés dehors.

Il fallait que j'apporte les lettres à mon ami. Cependant, je ne me sentais pas prêt pour le voir car j'étais encore sous le choc, et je n'aurais pas pu faire autrement que de lui parler de cette aventure. J'ai donc décidé d'envoyer quelqu'un à ma place lui porter les lettres.

Surpris de ne pas me voir, il s'est inquiété et a demandé de mes nouvelles. On lui a dit que je n'étais pas bien. Quelques jours plus tard, je suis allé chez lui pour lui dire la vérité. Mais on m'a annoncé qu'il était sorti la veille et qu'il n'était pas rentré. Je suis revenu plusieurs fois. J'ai attendu une semaine. Il n'est pas réapparu. J'ai prévenu la police. On l'a cherché partout. Mais on n'a retrouvé aucune trace de lui.

Puis on a décidé de fouiller[4] le château, mais on n'a rien trouvé, pas de trace de mon ami ni de la femme vêtue de blanc. On a interrompu les recherches et depuis cinquante-six ans, je n'ai rien appris de plus...

---

4. **Fouiller** : chercher avec attention.

Compréhension écrite et orale

Cocher -b
tick

1 Écoutez l'enregistrement du chapitre, puis cochez les affirmations exactes.

1 ☐ Il a senti un mouvement le frôler et un pénible soupir contre son cou.

2 ☐ Il a fait un bond et a vu une femme vêtue de noir.

3 ☐ Il s'est senti rassuré quand la femme s'est mise à parler.

4 ☐ Il croit aux fantômes.

5 ☐ Elle lui demande de la peigner pour la guérir.

6 ☐ Elle est partie sans le remercier.

7 ☐ S'il n'avait pas trouvé de cheveux sur sa chemise, il aurait pensé qu'il avait eu une vision.

8 ☐ Il a porté les lettres à son ami et il ne l'a jamais revu.

2 Relisez la première partie du chapitre, puis reconstituez les phrases en associant chaque début de phrase à sa fin.

1 ☐ Elle se trouvait

2 ☐ Il avait peur

3 ☐ Si elle parlait,

4 ☐ Elle lui a demandé

5 ☐ Il n'a pas répondu et

6 ☐ Elle lui a tendu

a elle ne pouvait pas être un fantôme.

b s'il pouvait lui rendre un service.

c a fait oui de la tête.

d mais en même temps sa voix le rassurait.

e un peigne.

f derrière le fauteuil où il était assis auparavant.

DELF **3** Relisez la deuxième partie du chapitre, puis cochez la ou les bonne(s) réponse(s).

1 Comment étaient ses cheveux ?

   a ☐ Ils étaient dénoués, très longs et très noirs.

   b ☐ Ils étaient comme des serpents.

2 Qu'a-t-il fait ?

   a ☐ Il a peigné ses cheveux.

   b ☐ Il a soupiré de bonheur.

3 Qu'a-t-elle fait ?

   a ☐ Elle a arraché le peigne et s'est enfuie sans dire merci.

   b ☐ Elle a arraché le peigne, a remercié, puis s'est enfuie.

4 Qu'a-t-il fait après le départ de la femme ?

   a ☐ Il a pris les lettres et est parti tranquillement.

   b ☐ Il a pris les lettres et est parti précipitamment.

5 Qui était cette femme ?

   a ☐ Il a pensé que c'était le fruit de son imagination.

   b ☐ Il a pensé qu'il s'agissait d'une vision.

6 A-t-il revu son ami après cette aventure ?

   a ☐ Non, il ne l'a jamais revu et depuis 56 ans, il ne sait rien de plus.

   b ☐ Oui, quand il a apporté les lettres.

Enrichissez votre **vocabulaire**

4 Trouvez dans le texte les mots correspondant à chaque définition.

1 Être incapable d'agir : être ....

2 Avoir les cheveux détachés : avoir les cheveux ....

3 Subir une forte sensation : être sous le ....

4 Faire un mauvais rêve : faire un ....

5 Chercher intensément : ....

6 Outil qui sert à coiffer : un ....

5 Les mots croisés anatomiques ! Complétez le crucimage.

Production écrite et orale

DELF **6** Suite à la lecture de la nouvelle de Maupassant, vous voulez en savoir plus sur les fantômes. Vous faites une recherche sur Internet et vous tombez sur ce message dans un forum. Vous décidez d'aider Samira et vous lui répondez.

> Bonsoir,
>
> J'aimerais avoir une bonne raison de ne pas croire aux fantômes car cela m'empêche de dormir la nuit.
>
> Pouvez-vous m'en donner quelques-unes ! Merci d'avance…
>
> Samira

La parure

CHAPITRE **1**

L'invitation

equipped
endowed

Mathilde était née pauvre mais elle était dotée d'une grâce naturelle. Elle était née fille d'employé mais son élégance et sa finesse faisaient d'elle l'égale des plus nobles dames. Puis, elle avait épousé un petit fonctionnaire du ministère de l'Instruction publique[1]. Elle souffrait de la médiocrité de son logement, de la banalité des meubles et de la décoration, elle qui se sentait faite pour le luxe. Elle rêvait de tentures[2] orientales, de grands salons couverts de soie, parsemés[3] d'objets inestimables.

Elle n'avait pas de beaux vêtements ni de bijoux. Cependant, elle se sentait faite pour plaire et séduire. Elle avait une amie riche,

1. **Ministère de l'Instruction publique** : actuel ministère de l'Éducation nationale.
2. **Une tenture** : tapisserie, tissu accroché au mur pour décorer.
3. **Parsemé** : être répandu ça et là.

madame Forestier, mais ne voulait plus la voir car elle souffrait d'être si pauvre.

Un soir, son mari rentre à la maison, l'air joyeux. Il lui tend une enveloppe.

— Tiens, dit-il, voilà quelque chose pour toi.

Elle ouvre l'enveloppe et sort un carton d'invitation :

> *Le ministère de l'Instruction publique et Mme Ramponneau prient M. et Mme Loisel de leur faire l'honneur de venir passer la soirée à l'hôtel du ministère, le lundi 18 janvier.*

Mais au lieu d'être heureuse, Mathilde jette l'invitation sur la table.

— Que veux-tu faire de ça ? demande-t-elle à son mari.

— Ma chérie, je pensais que tu serais contente. Tu ne sors jamais et c'est une splendide occasion. Il y aura du beau monde [4], tu sais.

— Mais je n'ai rien à me mettre pour une telle occasion !

Il n'y avait pas pensé. De grosses larmes s'étaient formées au coin des yeux de sa femme.

— Qu'est-ce que tu as ?

— Je n'ai rien à me mettre, je ne peux pas aller à la fête.

Il était désolé.

— Combien cela peut-il coûter une toilette très simple ?

Mathilde pense à une somme peu élevée que son mari ne peut pas refuser.

— D'accord, mais prends une belle robe ! dit monsieur Loisel.

Le jour de la fête approche. Mathilde est anxieuse.

— Qu'est-ce qui ne va pas ? demande son mari.

4. **Du beau monde** : des gens importants.

— Je n'ai pas de bijoux. Je vais avoir l'air pauvre parmi toutes ces femmes riches. Je préfère ne pas aller à la fête.

Monsieur Loisel réfléchit quelques instants, puis il s'écrie :

— Que tu es bête ! Demande à ton amie madame Forestier de te prêter des bijoux.

— C'est vrai ! Tu as raison ! dit-elle en poussant un cri de joie.

Le lendemain, elle se rend chez son amie et lui explique son problème. Madame Forestier va chercher un coffret dans l'armoire de sa chambre, le pose sur la table et l'ouvre.

— Choisis ce que tu veux, ma chère amie.

Le coffret contient des bracelets en or, des pierres précieuses, des colliers de perles. Mathilde essaye toutes les parures sans réussir à se décider. Puis, elle aperçoit une petite boîte en satin cachée dans le fond du coffret. Quand elle l'ouvre, son cœur se met à battre la chamade [5] : il y a une superbe rivière de diamants à l'intérieur. Elle la met autour de son cou et admire son reflet dans le miroir.

— Tu crois que... tu peux me la prêter ? demande-t-elle hésitante.

— Mais bien sûr !

Mathilde est pleine de reconnaissance envers son amie.

Le jour de la fête arrive enfin. Mathilde est la plus jolie, la plus souriante et la plus heureuse des femmes ! Tous les hommes la regardent et cherchent à lui être présentés. La jeune femme danse avec ivresse, et ne pense plus qu'à son succès. Elle quitte la soirée vers quatre heures du matin. Son mari, lui, dort déjà depuis minuit dans un petit salon.

---

5. **Battre la chamade** : battre vite sous l'effet d'une émotion.

Compréhension écrite et orale

DELF ❶ Écoutez l'enregistrement du chapitre, puis cochez la ou les bonne(s) réponse(s).

1 L'histoire commence par la description d'une femme qui était née pauvre

    a ☐ mais avait épousé un homme riche.

    b ☐ et avait épousé un petit fonctionnaire.

2 Elle se sentait faite pour le luxe : son logement

    a ☐ ne lui convenait pas.

    b ☐ correspondait à ses désirs.

3 Un soir, son mari lui donne une invitation :

    a ☐ elle est heureuse, elle va pouvoir mettre sa belle robe.

    b ☐ elle est triste car elle n'a pas de robe adaptée à l'occasion.

4 Son mari est désolé et lui propose d'acheter une robe et

    a ☐ des bijoux.

    b ☐ de demander des bijoux à une amie.

5 Elle se rend chez son amie et lui explique le problème : son amie

    a ☐ est d'accord pour lui prêter une superbe rivière de diamants.

    b ☐ hésite à lui prêter sa rivière de diamants.

6 Le jour de la fête, Mathilde

    a ☐ est la plus jolie et la plus heureuse des femmes.

    b ☐ ne pense plus qu'à son succès.

DELF ❷ Lisez le chapitre, puis répondez aux questions.

1 De quoi souffrait Mathilde ?

2 À quoi rêvait-elle ?

3 Qui est madame Forestier ?

4 Pourquoi Mathilde ne voulait-elle pas la voir ?

5 Pourquoi Mathilde veut-elle des bijoux ?

6 À quelle heure quitte-t-elle la soirée ?

3 Relisez le chapitre, puis indiquez qui a dit quoi : Mathilde (M), monsieur Loisel (L) ou madame Forestier (F).

		M	L	F
1	Je n'ai rien à me mettre, je ne peux pas aller à la fête.			
2	D'accord, mais prends une belle robe !			
3	Je n'ai pas de bijoux.			
4	Que tu es bête !			
5	Choisis ce que tu veux, ma chère amie.			
6	Tu crois que tu peux me la prêter ?			
7	Mais bien sûr !			

4 Écoutez l'enregistrement, puis cochez les mots que vous entendez.

1 ☐ Une grâce naturelle
2 ☐ La fête
3 ☐ Une robe
4 ☐ Une toilette

5 ☐ Élégante
6 ☐ Le salon
7 ☐ Heureuse
8 ☐ Une parure

Enrichissez votre **vocabulaire**

5 Voilà ce que Mathilde trouve dans le coffret de madame Forestier. Écrivez la légende sous les photos.

1 _____
2 _____
3 _____

4 _____
5 _____

6 Un intrus s'est glissé dans chaque liste. Trouvez-le et expliquez pourquoi.

1   médiocrité — luxe — banalité — pauvreté

2   anxieux — joyeux — content — heureux

3   une toilette — une robe — des bijoux — une invitation

4   une parure — un bracelet — un collier — une rivière de diamants

Grammaire

Les pronoms personnels compléments d'objet direct (COD)

*Madame Forestier va chercher un coffret dans l'armoire de sa chambre, **le** pose sur la table et **l'**ouvre.*

Les COD répondent aux questions **qui ?** et **quoi ?**

Ils remplacent un complément d'objet direct exprimé précédemment.

	Singulier	Pluriel
1ère personne	**me** (**m'** devant une voyelle ou un **h** aspiré)	**nous**
2e personne	**te** (**t'** devant une voyelle ou un **h** aspiré)	**vous**
3e personne	**le** (masculin), **la** (féminin), **l'** (masculin ou féminin devant une voyelle ou un **h** aspiré)	**les** (masculin et féminin)

*Tu as trouvé mes clefs ? Oui, je **les** ai mises sur la table du salon.*

*Elle a gardé son neveu ? Oui, elle **l'**a gardé hier après-midi.*

*Tu nous accompagnes à la gare ? Non, je ne peux pas **vous** accompagner, ma voiture est en panne.*

Le pronom personnel COD précède toujours le verbe dont il est complément sauf à l'impératif affirmatif.

*Elle **la** <u>met</u> autour de son cou.*   *<u>Mets</u>-**la** !*

7 Trouvez dans le texte les cinq pronoms personnels COD qui restent, puis dites quels mots ils remplacent.

1 *la* remplace : *Madame Forestier*

2 *le* remplace : *le coffret*

3 *l'* remplace : ....

4 .... remplace : ....

5 .... remplace : ....

6 .... remplace : ....

7 .... remplace : ....

8 Complétez le texte avec les pronoms personnels COD qui manquent.

Samedi matin, j'ai accompagné ma meilleure amie Léa
pour .... aider à choisir des robes. Incroyable !
Elle .... a toutes essayées mais elle n'a pas réussi à
se décider. Puis samedi après-midi, nous sommes allés choisir des
bijoux : elle .... a tous mis à son cou mais, là encore,
impossible de se décider ! Les vendeuses n'étaient pas très contentes,
surtout qu'elles ont tout fait pour .... aider, dans
notre choix.
Léa m'a demandé de .... accompagner le lendemain
aussi. Je .... aime beaucoup Léa, mais je déteste
faire les magasins. Moi, le shopping, je .... fais sur
Internet ! Pour me convaincre, elle m'a dit : « Si tu viens, je
.... invite au restaurant ! » Alors, devinez ce que j'ai
fait ? J'ai accepté ! Elle était très contente et elle ....
a remerciée. Quant au restaurant ? J'ai très bien mangé, merci !

Production écrite et orale

DELF **9** Aimez-vous faire les magasins ? Expliquez pourquoi.

CHAPITRE **2**

La disparition

The disappearance

Dehors, la vue des femmes enveloppées dans leurs fourrures et installées dans leurs fiacres [1] rappelle à Mathilde le monde médiocre auquel elle appartient. Couverte de son modeste manteau, elle marche grelottante [2] dans les rues de Paris aux côtés de son mari, silencieux et endormi. Comme tout lui semble triste de nouveau !

Une fois dans sa chambre, Mathilde se regarde dans le miroir pour admirer une dernière fois sa splendeur lorsque, tout à coup, elle pousse un cri d'horreur.

— Que se passe-t-il ? lui demande son mari.

— J'ai... j'ai... je n'ai plus la rivière de diamants de madame Forestier ! répond Mathilde, affolée [3].

— Comment ça ? Mais ce n'est pas possible !

---

1. **Un fiacre** : voiture à cheval.
2. **Grelottant** : qui tremble à cause du froid.   3. **Affolé** : bouleversé, paniqué.

CHAPITRE 2

Ils se mettent à chercher le collier partout, dans les plis de la robe, dans toutes les pièces de la maison, en vain.

— Je vais refaire le trajet que nous avons fait à pied, dit monsieur Loisel. Peut-être que je vais le retrouver.

Toute la nuit, Mathilde attend son mari, assise sur une chaise sans réussir à trouver la force d'aller se coucher. Son mari rentre à sept heures le lendemain matin, mais il n'a pas retrouvé le collier. Malgré les recherches effectuées pendant plusieurs jours grâce à la police et aux journaux dans lesquels ils avaient fait publier une promesse de récompense, la rivière de diamants reste, hélas, introuvable.

Au bout d'une semaine, monsieur Loisel annonce à sa femme :

— Il ne reste plus qu'une solution : il faut remplacer le bijou.

Angoissés et malades de chagrin [4], ils décident de trouver le bijoutier qui a fabriqué la parure. Après plusieurs jours de recherche, ils aperçoivent dans une vitrine du Palais-Royal, un collier de diamants identique à celui de madame Forestier. Il vaut très cher. Monsieur Loisel possède seulement la moitié de la somme nécessaire pour racheter le collier. Il s'agit de l'héritage [5] qu'il a reçu à la mort de son père. Le reste, il va devoir l'emprunter [6]. Pour cela, monsieur et madame Loisel demandent à leurs amis, à leur famille, aux banques. Une fois la somme rassemblée, ils se rendent chez le joaillier pour acheter la rivière de diamants.

Le lendemain, Mathilde va chez son amie pour lui restituer sa parure. Madame Forestier, un peu vexée [7], lui dit d'un air ennuyé :

---

4. **Le chagrin** : tristesse.
5. **L'héritage** : biens transmis à la mort d'une personne.
6. **Emprunter** : prendre de manière momentanée avec l'intention de rendre après.
7. **Vexé** : offensé, heurté.

— Ce n'est pas très gentil de me la rendre si tard, j'aurais pu en avoir besoin !

Mathilde est désolée d'avoir déçu son amie, mais elle est rassurée : cette dernière n'a pas ouvert l'écrin dans lequel se trouve la parure. Elle aurait pu se rendre compte de la substitution et peut-être même qu'elle l'aurait traitée de voleuse !

Pour payer cette dette, les Loisel ont dû changer de vie, prendre un appartement plus petit, renvoyé la domestique, acheté des vêtements moins chers. Monsieur Loisel a dû faire des heures supplémentaires le soir. Madame Loisel s'est battue pour le moindre sou. Après dix ans d'une vie de misère et de privation, ils ont finalement remboursé leurs dettes. Mais madame Loisel semble vieille à présent. Pauvre Mathilde ! Quelquefois, elle pense encore à cette soirée, la seule de sa vie, à son succès et à sa beauté passée ! Elle se demande ce qui serait arrivé si elle n'avait pas perdu la parure. Comme il faut peu de chose pour vous perdre ou vous sauver !

Un dimanche, alors que Mathilde se rend sur les Champs-Élysées pour se changer les idées, elle croise une femme avec un enfant. Elle reconnaît aussitôt madame Forestier, toujours jeune, toujours belle. Elle sent qu'elle doit aller lui parler, que maintenant elle peut lui dire la vérité.

— Bonjour, Jeanne, dit-elle en s'approchant.

Mais son amie ne la reconnaît pas immédiatement.

— Je suis Mathilde Loisel. Tu te souviens de moi ?

— Oh, ma pauvre Mathilde, comme tu as changé !

— Eh oui... Tu sais, nous avons eu des jours difficiles. Un peu à cause de toi...

— À cause de moi… comment ça ? demande madame Forestier, incrédule.

— Tu te rappelles la rivière de diamants que tu m'avais prêtée pour aller à la fête du ministère ?

— Oui, je m'en souviens. Tu me l'avais rendue en retard. Eh bien ?

— Eh bien, ce soir-là, je l'ai perdue. Je l'ai cherchée partout, j'ai même prévenu la police. Mais impossible de la retrouver. J'ai alors décidé de racheter une rivière de diamants identique à la tienne. Et cela fait dix ans que nous la payons, mon mari et moi. Enfin, maintenant c'est fini. Nous avons finalement remboursé toutes nos dettes !

— Tu veux dire que tu as acheté une rivière de diamants pour remplacer la mienne ?

— Oui. Heureusement, tu ne t'en es pas rendu compte…

Madame Forestier, émue, saisit les mains de son amie.

— Ma pauvre Mathilde ! Mais la mienne était fausse et ne valait pas un sou !

Compréhension écrite et orale

1 Écoutez l'enregistrement du chapitre, puis remettez les phrases dans l'ordre chronologique.

a ☐ Pour rembourser leurs dettes, les Loisel ont dû se battre pour le moindre sou.

b ☐ Lorsque Mathilde se regarde dans le miroir, elle s'aperçoit qu'elle n'a plus la rivière de diamants.

c ☐ Un jour, Mathilde rencontre son amie et lui dit la vérité.

d ☐ Mathilde et son mari se retrouvent dans les rues de Paris : il fait froid.

e ☐ Quand elle rend la rivière de diamants à son amie, Mathilde est contente car cette dernière ne s'est pas rendu compte de la substitution.

f ☐ Les Loisel décident de racheter la même rivière de diamants.

g ☐ Malgré toutes les recherches, la rivière de diamants reste introuvable.

h ☐ Le bijou vaut très cher et ils doivent emprunter de l'argent.

2 Lisez la première partie du chapitre, puis complétez les phrases avec les mots proposés.

se met à hurler	aucune trace	ne dit pas un mot
très tristes	n'ont pas le choix	du même monde

1 Les femmes enveloppées dans leurs fourrures rappellent à Mathilde qu'elles ne sont pas ....

2 Mathilde marche dans les rues de Paris avec son mari, qui ....

3 Elle se regarde dans le miroir lorsque, soudain, elle ....

4 Le couple cherche le collier partout, mais .... du bijou.

5 Angoissés et ...., ils décident de trouver le bijoutier qui a fabriqué la parure.

6 M. Loisel pense qu'ils .... : ils doivent remplacer le bijou.

3 Lisez la deuxième partie du chapitre, puis associez chaque début de phrase à sa fin.

1 ☐ Après plusieurs jours de recherche, ils trouvent
2 ☐ Monsieur Loisel possède seulement la moitié
3 ☐ Quand Mathilde rend le faux collier,
4 ☐ Après dix ans de misère et de privation,
5 ☐ Elle se demande ce qui serait arrivé
6 ☐ Lorsque Mathilde dit la vérité,

a madame Forestier lui reproche de le rendre en retard.
b son amie est émue car son bijou était faux et n'avait aucune valeur !
c si elle n'avait pas perdu la parure.
d un collier de diamants identique à celui de madame Forestier.
e ils ont finalement remboursé leurs dettes.
f de la somme nécessaire pour racheter le collier.

4 Trouvez dans le chapitre les trois phrases-clés en vous aidant des indices suivants.

Phrase 1 : ....
a C'est une phrase exclamative.
b Elle exprime un sentiment négatif et un changement d'état.
c C'est le sentiment qu'éprouve Mathilde par rapport à son monde.

Phrase 2 : ....
a C'est une phrase exclamative.
b C'est une réflexion philosophique sur la vie.
c Cela signifie qu'un rien peut changer le cours de notre vie.

Phrase 3 : ....
a C'est une phrase exclamative exprimée par un personnage dans un dialogue.
b Elle parle de la parure.
c Cette phrase résume l'erreur qu'ont fait les Loisel.

5 Cochez les cases correspondant aux sentiments de chaque personnage :
Mathilde (M), monsieur Loisel (L) ou madame Forestier (F).

1 **M** **L** **F** Triste   5 **M** **L** **F** Rassuré(e)
2 **M** **L** **F** Incrédule   6 **M** **L** **F** Affolé(e)
3 **M** **L** **F** Ému(e)   7 **M** **L** **F** Angoissé(e)
4 **M** **L** **F** Vexé(e)   8 **M** **L** **F** Désolé(e)

Enrichissez votre **vocabulaire**

6 Un témoin raconte un vol de bijou. Écoutez l'enregistrement, puis
complétez les phrases.

> récompense   dettes   fiacre (x2)   vitrine   journal   écrin (x2)
> voleuse (x2)   manteau   pieds   bijoutier (x2)   chaussons

Il devait être minuit. La rue était plongée dans le noir. La ....
est arrivée en .... devant la .... du ....
Elle est descendue à toute vitesse du .... : elle portait un
.... noir et des .... de danse aux ....
Je l'ai vue entrer chez le bijoutier sans faire de bruit et ressortir
quelques minutes après : elle tenait un .... dans ses mains.

Le lendemain, j'ai lu dans le .... que la .... avait
été retrouvée, mais pas le bijou : elle a dit à la police qu'elle l'avait déjà
vendu pour rembourser ses .... Le .... a décidé
d'offrir une .... à ceux qui retrouveraient la rivière
de diamants que l'........................ contenait.

7 Trouvez les mots correspondant à chaque définition.

1 C'est la pièce où l'on préfère aller dormir : LA _ _ _ _ _ _ _.
2 Quand on donne sa parole à quelqu'un : UNE _ _ _ _ _ _ _ _.
3 On s'assoit dessus autour de la table : UNE _ _ _ _ _ _ .
4 Un manteau qui est souvent fait avec les « poils » des animaux :
UNE _ _ _ _ _ _ _ _.
5 Il peut être d'horreur ou de joie : UN _ _ _.
6 C'est ce que nous faisons pour aller d'un endroit à un autre :
LE _ _ _ _ _ _.

Grammaire

L'accord du participe passé avec l'auxiliaire *avoir*

*Cette dernière n'a pas **ouvert** l'écrin dans lequel se trouve la parure.*

Avec l'auxiliaire *avoir*, le participe passé ne s'accorde jamais avec le sujet.

Le participe passé s'accorde en genre et en nombre avec le COD, seulement si celui-ci est placé avant l'auxiliaire *avoir*.

Le COD peut être un pronom personnel, un pronom relatif complément d'objet direct, un pronom interrogatif, ou un groupe nominal.

*La rivière de diamants, je l'ai **cherchée** partout.*

8 Indiquez le ou les nom(s) que peut remplacer le pronom COD dans la phrase. Parfois les deux solutions sont possibles.

1 Elle l'a traitée de voleuse !
   a ☐ Mathilde   b ☐ M. Loisel

2 Son amie l'a retrouvé tout de suite.
   a ☐ Le collier   b ☐ La rivière de diamants

3 Elle les avait attendues toute la nuit sur une chaise.
   a ☐ Ses amis   b ☐ Ses amies

4 Ils l'ont reçu à la mort de leur père.
   a ☐ Le terrain   b ☐ L'héritage

5 Charles et Max les ont achetés dans une boutique sur la Seine.
   a ☐ Les parures   b ☐ Les vêtements

6 La famille Loisel les a finalement remboursées.
   a ☐ Les dettes   b ☐ L'argent

Production écrite et orale

DELF **9** Qu'auriez-vous fait à la place des Loisel ? Auriez-vous dit tout de suite la vérité à madame Forestier ? Auriez-vous fait faire un faux pour ne pas avoir à débourser une somme énorme ? Auriez-vous fait comme eux ? Dites pourquoi, puis présentez votre texte oralement.

Les falaises de Fécamp, où Maupassant a vécu quand il était enfant.

Balade à Rouen
avec Maupassant

1ère étape

Le conte *Apparition* se passe à Rouen et dans ses alentours, pourquoi ?

Souvent les artistes s'inspirent des lieux où ils sont nés, où ils ont habité ou qu'ils ont traversé dans le passé. Pour Maupassant, Rouen a été un lieu important. Guy est né près de Dieppe mais il a ensuite habité à Fécamp, Étretat, puis Yvetot, pour finir à Rouen. C'est dans cette ville qu'il va au lycée (et obtient son bac), rencontre Flaubert, et écrit ses premiers poèmes. Ensuite, il part à Paris pour travailler.

La ville de Rouen traversée par la Seine, et sa fameuse cathédrale.

Dans le conte, Maupassant fait allusion à Rouen sans décrire la ville. Que doit-on savoir sur Rouen du point de vue géographique ?

C'est une ville qui se situe au nord-ouest de la France, en Haute-Normandie. La commune compte plus de 110 000 habitants.

Sa cathédrale est très célèbre. Rouen est traversée par la Seine, ce qui est un élément très important pour Maupassant. En effet, l'écrivain est un sportif qui adore l'eau : il n'hésite pas à parcourir des kilomètres en barque le week-end.

Et du point de vue culturel ?

Rouen, c'est aussi le pays de l'impressionnisme. La ville et la vallée de la Seine ont inspiré des artistes comme Monet, Gauguin et bien d'autres encore. La lumière particulière et les paysages verdoyants [1] ont été pour ces peintres de véritables sources d'inspiration. On trouve d'ailleurs dans les textes de Maupassant des similitudes avec certains tableaux de Monet, Manet et Renoir.

En 2013, la Normandie a accueilli la seconde édition du festival *Normandie Impressionniste* : plus de 600 manifestations autour du

---

1. **Verdoyant** : très vert.

La Seine à Rouen, Claude Monet, 1872.

thème de l'eau, entre expositions de chefs-d'œuvre internationaux, concerts, conférences, films, photographies, musique, théâtre… en rapport bien sûr avec ce courant artistique. Puisque cela s'est en partie déroulé en été, on a organisé des régates et de nombreuses activités aquatiques. C'était spectaculaire !

Quels sont les lieux d'intérêt de Rouen ?

Rouen et sa vallée doivent une grande partie de leur renommée à la richesse de leur patrimoine. Il y a le musée des Beaux-Arts, le Jardin des Plantes, la cathédrale, la Place du Vieux Marché... Pour en savoir plus, il suffit de se rendre sur le site de l'office de tourisme, où vous trouverez tout ce que vous voulez pour ne pas vous ennuyer !

2ᵉ étape

Quelles sont les spécialités gastronomiques ?

Côté salé, n'hésitez pas à goûter au canard à la rouennaise, recette qui date de la fin du XIXᵉ siècle. Côté sucré, vous vous régalerez avec un douillon d'Elbeuf. Mais il y a aussi énormément de recettes à base de produits de la mer !

Et le lait dans tout ça ? Le beurre et la crème fraîche tiennent un rôle de premier ordre dans la cuisine normande. Ce sont en effet les Normands qui ont imposé l'usage du beurre à la place du lard dans la cuisine française après la Renaissance. N'oublions pas les fromages, dont le camembert, que tout le monde connaît. Si vous voulez en savoir plus, rendez-vous fin octobre à la fête du Ventre et de la gastronomie normande. Là, vous pourrez pratiquement goûter à tout !

Compréhension écrite

DELF **1** **Lisez le document, puis répondez aux questions.**

1 Pourquoi Rouen a été un lieu important pour Maupassant ?
2 Qu'aimait faire Maupassant sur la Seine ?
3 Pourquoi y a-t-il un festival impressionniste en Normandie ?
4 Quels sont les principaux ingrédients de la cuisine normande ?

Production écrite et orale

2 **Lisez ce document paru sur le site de l'office de tourisme de Rouen. Donnez votre avis sur ce type de fête. Dites si vous aimeriez y participer et expliquez pourquoi.**

La fête du Ventre et de la gastronomie normande de Rouen est devenue le rendez-vous gustatif incontournable de la région. Cet événement se déroule dans le quartier de la place du Vieux Marché le 3e week-end d'octobre.
Les rues sont alors investies par des chefs cuisiniers, des artisans et des producteurs en costumes traditionnels normands. Les produits du terroir qui font la fierté et le patrimoine gastronomique de la région sont offerts à la dégustation et mis en vente.

La confession

CHAPITRE **1**

La promesse

Marguerite de Thérelle est sur le point de mourir. Elle n'a que cinquante-six ans mais elle semble en avoir au moins soixante-quinze. Il y a des moments où son regard est éteint [1] comme si elle était déjà partie.

Sa sœur aînée [2], Suzanne, qui a six ans de plus qu'elle, est à ses côtés. Elle pleure. L'histoire des deux sœurs est une histoire émouvante. Tout le monde la connaît et la cite comme exemple de fraternité entre deux êtres.

Suzanne a été passionnément aimée par un homme qu'elle a aimé en retour. Ils se sont fiancés et on attendait le jour du mariage

---

1. **Éteint** : ici, sans vie.
2. **Aîné** : le premier ou la première des frères et sœurs.

avec impatience. Malheureusement, son futur mari, Henry de Sampierre, est mort brusquement, quelques jours avant le mariage.

La jeune fille était profondément désespérée et avait juré de ne plus jamais se marier. Elle a tenu sa promesse. Elle a mis des vêtements de veuve qu'elle n'a jamais plus quittés.

Sa petite sœur, qui avait douze ans à l'époque, est venue la trouver un matin et lui a dit, en se jetant dans ses bras :

— Grande sœur, je ne vais pas te laisser seule ! Moi non plus, je ne me marierai jamais, je resterai toujours avec toi.

Suzanne a embrassé sa petite sœur tendrement, touchée par ses mots mais sans y croire vraiment, persuadée qu'il s'agissait d'une promesse d'enfant.

Marguerite était très jolie. Elle a eu beaucoup de demandes en mariage. Ses parents et sa grande sœur ont tout fait pour qu'elle se marie mais malgré cela, elle a tenu sa promesse.

Les deux sœurs ne se sont pas quittées et ont vécu ensemble tout le temps. Pourtant Marguerite semblait triste comme si ce sacrifice l'avait profondément affectée. Elle avait vieilli très rapidement et à trente ans, elle avait déjà les cheveux blancs. Elle était souvent malade, on aurait dit qu'un mal inconnu la dévorait de l'intérieur.

Maintenant, elle va mourir la première. Elle ne parle plus depuis plusieurs heures. Elle semble vouloir dire quelque chose sans toutefois y parvenir, un obstacle semble la retenir. Ses lèvres tremblent et elle a le regard affolé. Suzanne est déchirée [3] de douleur : à l'idée de perdre sa sœur, elle pleure toutes les larmes de son corps [4].

---

3. **Déchiré** : ici, qui souffre.
4. **Pleurer toutes les larmes de son corps** : pleurer beaucoup.

— Margot, ma pauvre Margot ! répète-t-elle.

C'est comme cela que Suzanne appelait sa petite sœur.

Enfin, on entend du bruit dans l'escalier. L'abbé Simon vient d'arriver pour donner l'extrême-onction et la communion dernière[5] à Marguerite. Il s'approche de la mourante, lui prend la main et lui dit que le moment est venu, qu'elle peut désormais parler en toute tranquillité.

Alors Marguerite prend son courage à deux mains, se tourne vers sa sœur, et lui dit :

— Assieds-toi, grande sœur et écoute-moi.

Puis, elle commence à parler.

— Pardonne-moi, Suzanne, je t'en prie, pardonne-moi !

— Que veux-tu te faire pardonner ? Tu t'es sacrifiée pour moi, tu m'as tout donné, tu es un ange...

— Non, c'est horrible. Tais-toi, tais-toi ! Ce n'est pas vrai... Laisse-moi tout te raconter jusqu'au bout... Promets-moi de ne pas m'interrompre.

— Je te le promets. Je t'écoute...

— Tu te souviens de... Henry ?

Suzanne sursaute. Cela fait si longtemps qu'elle n'a pas entendu prononcer ce prénom.

---

5. **L'extrême onction et la communion dernière** : rituels religieux avant la mort.

Compréhension écrite et orale

1 Écoutez l'enregistrement du chapitre, puis associez chaque réponse à la question correspondante.

1 ☐ Qu'est-ce qui arrive à Marguerite de Thérelle ?

2 ☐ Que fait sa sœur Suzanne ?

3 ☐ Que s'est-il passé quelques jours avant le mariage de Suzanne ?

4 ☐ Quelle promesse a fait Suzanne ?

5 ☐ Qu'a décidé de faire Marguerite ?

6 ☐ Que s'est-il passé après ?

7 ☐ Marguerite a-t-elle vécu heureuse ?

8 ☐ Que veut faire Marguerite avant de mourir ?

a Non, elle semblait triste et était souvent malade.

b Elle a promis de ne plus jamais se marier.

c Elle est sur le point de mourir.

d Elle veut parler à sa sœur et demande à être pardonnée de quelque chose.

e Elle a décidé de ne jamais se marier elle non plus.

f Son futur mari est mort brusquement.

g Elle est à ses côtés et elle pleure.

h Marguerite a tenu sa promesse et les deux sœurs ne se sont pas quittées.

DELF 2 Lisez le chapitre, puis cochez la bonne réponse.

1 Quel âge a Marguerite de Thérelle ?

  a ☐ 55 ans.   b ☐ 57 ans.   c ☐ 56 ans.

2 Quel âge semble-t-elle avoir ?

  a ☐ 65 ans.   b ☐ 75 ans.   c ☐ 76 ans.

3 Combien d'années de différence ont Suzanne et Marguerite ?

  a ☐ 6 ans.   b ☐ 5 ans.   c ☐ 7 ans.

4 Quel âge a Suzanne ?

a ☐ 63 ans.　　b ☐ 72 ans.　　c ☐ 62 ans.

5 Quel âge avait Marguerite le jour du mariage de Suzanne ?

a ☐ 16 ans.　　b ☐ 11 ans.　　c ☐ 12 ans.

6 À quel âge Marguerite a-t-elle eu les cheveux blancs ?

a ☐ 30 ans.　　b ☐ 20 ans.　　c ☐ 40 ans.

3 **Complétez le résumé du chapitre.**

Marguerite de Thérelle est mourante. Sa sœur (**1**) ....,
Suzanne, se trouve à ses côtés et elle (**2**) ....
Il y a très longtemps, Suzanne devait (**3**) .... mais quelques
jours avant son (**4**) ...., son futur mari est (**5**) ....
brusquement. Désespérée, la jeune fille a (**6**) .... de
ne jamais se marier et a tenu sa (**7**) .... Marguerite a
promis, elle, à sa sœur de ne pas la laisser seule : elles ont vécu
(**8**) .... tout le temps. Cependant Marguerite semblait triste
comme si ce (**9**) .... l'avait profondément touchée.
Après l'arrivée de l'abbé, Marguerite commence à (**10**) .... à
sa sœur : elle lui demande de lui (**11**) ....

Enrichissez votre **vocabulaire**

4 **Associez chaque expression à sa signification.**

1 ☐ Prendre son courage à deux mains.

2 ☐ Porter le deuil.

3 ☐ Aimer quelqu'un en retour.

4 ☐ Tenir sa promesse.

a S'habiller en noir après la mort d'un être cher.

b S'engager à faire quelque chose et le faire.

c Rassembler toutes ses forces pour affronter quelque chose.

d Aimer une personne qui nous aime aussi.

5 Mots mêlés. Retrouvez dans la grille les huit mots correspondant aux définitions. Ils peuvent être écrits horizontalement, verticalement, à l'envers ou en diagonale.

1 Il a des ailes et s'appelle souvent Gabriel. Suzanne pense que sa sœur Marguerite en est un. Un ....

2 Liberté, égalité, ... est la devise de la France.

3 Une femme dont le mari est mort. Une ....

4 C'est un synonyme de « belle » employé pour qualifier Marguerite. ....

5 Renoncer à tout pour quelqu'un ou quelque chose. Faire un ....

6 On les bouge quand on parle. Les ....

7 Quand on pleure, on en a plein les yeux. Les ....

8 Il est souvent à côté du nom de famille. Le ....

F	Ç	S	E	M	R	A	L	L	J
R	M	C	N	X	N	J	E	S	H
A	L	U	G	E	O	V	A	J	I
T	D	W	J	L	R	C	Ç	M	W
E	Q	B	I	E	R	G	O	H	L
R	H	E	S	I	Q	N	Z	V	Z
N	W	R	F	K	E	Z	E	N	N
I	Z	I	B	R	U	U	G	M	F
T	C	T	P	Z	V	G	N	D	R
E	R	H	F	E	D	B	A	Ç	H

Production écrite et orale

DELF **6** Marguerite et Suzanne ont tenu leur promesse : elles ne se sont jamais mariées ! Et vous, quel genre de promesses faites-vous ? Lisez les expressions, cochez la case qui vous correspond et racontez vos promesses.

☐ Une promesse pour vous, c'est *Cochon qui s'en dédie !* Vous tenez toujours vos promesses ! Donnez un exemple et dites pourquoi c'est important pour vous.

☐ **Une promesse pour vous c'est *Une promesse de Gascon* !**
Vous faites des promesses que vous ne tenez pas ! Vous essayez, mais c'est plus fort que vous, vous n'y arrivez pas. Donnez un exemple et expliquez pourquoi vous ne tenez pas vos promesses.

☐ **Il vous arrive de tenir vos promesses mais il vous arrive aussi de ne pas y arriver.**
Donnez des exemples et expliquez.

7 Vous allez sur votre blog préféré, le « blog de Lulu » et vous lisez ce message. Répondez à la question de Lulu en donnant des exemples.

Le Blog de Lulu

Mes parents ne tiennent pas leurs promesses !
Et voilà, je suis rentrée de vacances ! Merci pour tous vos messages, j'ai mis un peu de temps à tous les lire, mais ça fait plaisir de voir que vous avez pensé à moi pendant l'été. Désolée de ne pas les avoir publiés tout de suite, mais ce n'était pas facile. Avec mes parents, ces deux dernières semaines, on était au bord de la mer, près de la Rochelle. C'était super, mais ça a été un peu gâché par deux promesses non tenues…

D'abord, un soir, mon père nous avait promis d'aller voir le coucher de soleil sur le port et de nous acheter des glaces, à ma sœur et à moi. Mais après le dîner, il a préféré rentrer tout de suite au gîte pour regarder la télé (l'excuse c'était qu'il y avait une émission super intéressante !). Il a dit qu'on irait un autre jour, mais le lendemain, il pleuvait, et le jour d'après, il fallait préparer les bagages pour rentrer.

Mais ce n'est pas tout ! Sur la route du retour, mes parents nous ont annoncé une surprise : ils avaient réservé une nuit d'hôtel près de Chambord pour aller visiter le château, le lendemain. C'est un super beau château que je rêve de voir depuis longtemps ! J'étais trop contente. Sauf que deux heures plus tard, le portable de ma mère a sonné. C'était son travail, ils avaient à tout prix besoin d'elle le lendemain matin à l'hôpital. Elle est infirmière, c'est toujours la même histoire ! Bref, on n'est pas allés à l'hôtel et on est rentrés directement à la maison. J'étais vraiment super déçue, j'aurais préféré qu'ils ne disent rien du tout !

Et vous, ça vous arrive d'être déçus par les promesses non tenues de vos parents ?

Lulu

CHAPITRE **2**

La vérité

— J'avais douze ans. J'étais une petite fille gâtée[1], je faisais tout ce
que je voulais, tu te souviens comme j'étais gâtée ? Je me rappelle
la première fois où j'ai vu Henry. Il est arrivé à la maison et il est
descendu de cheval, il avait des bottes vernies[2]. Il venait annoncer
une nouvelle à papa. Tu te souviens ? Comme il était beau ! Je l'ai
trouvé si beau que je me suis mise à rêver de lui, à ne penser qu'à
lui. Il est revenu plusieurs fois et à chaque fois, je le regardais avec
passion. J'étais grande pour mon âge, je ne cessais de prononcer
son nom tout bas : « Henry de Sampierre ! ». Quand j'ai su qu'il
allait se marier avec toi, j'ai eu beaucoup de chagrin. J'ai pleuré

1. **Gâté** : dont on accepte tous les caprices.
2. **Verni** : brillant.

pendant trois nuits de suite. Il revenait tous les après-midi. Tu lui préparais des gâteaux qu'il adorait avec de la farine, du beurre, du lait... et il disait : « C'est délicieux ! ». Je l'entends encore prononcer ces mots. Tu t'en souviens comme il disait cela ? J'étais jalouse, tellement jalouse ! Il restait un mois avant ton mariage et je me disais : « Ce n'est pas possible, il ne peut pas épouser Suzanne. Je ne veux pas. C'est moi qu'il doit épouser... quand je serai plus grande. C'est lui que j'aime et pas un autre ». J'avais l'impression que j'allais devenir folle. Un soir, dix jours avant le mariage, vous vous êtes promenés au clair de lune devant le château. Vous ne vous en êtes pas rendu compte mais je vous épiais et je vous ai vus vous embrasser sous le grand sapin. Il t'a prise dans ses bras et t'a serrée contre lui, cela m'a semblé durer une éternité. Cela devait être la première fois, n'est-ce pas ? Quand tu es revenue à la maison tu étais pâle comme un linge [3].

Je vous ai regardés, j'étais en colère, j'avais envie de vous tuer ! J'ai pensé : « Non, il n'épousera pas Suzanne, jamais ! Il n'épousera personne, je serai trop malheureuse » et je l'ai détesté de toutes mes forces. Alors, tu sais ce que j'ai fait ? J'ai broyé [4] des morceaux de verre avec un marteau, comme j'avais vu faire le jardinier pour tuer les chiens errants. Je les ai cachés dans ma poche. Cela faisait une poudre brillante. Le lendemain, je suis allée dans la cuisine, tu venais de faire tes gâteaux que personne n'avait le droit de toucher, sauf lui. Je les ai fendus [5] avec un couteau puis j'ai mis la poudre de verre à l'intérieur. Henry en a mangé trois, j'en ai mangé un... les autres, je les ai tous jetés dans l'étang. Deux cygnes sont morts quelques jours plus tard. Tu t'en souviens ? Moi je ne

3. **Pâle comme un linge** : très blanc.
4. **Broyé** : réduire en poudre.
5. **Fendu** : ouvert en longueur.

suis pas morte, mais depuis ce jour-là, j'ai toujours été malade...
Lui, il est mort... J'ai pensé : « Je ne quitterai pas ma sœur et un
jour, je lui dirai tout ». Le moment est arrivé. Suzanne, toute mon
existence a été une longue torture. Ma vie n'a été que souffrance.
Chaque jour, j'attendais le moment pour te dire la vérité. Le matin,
le soir, le jour, la nuit, tout le temps. J'ai attendu. Maintenant j'ai
peur, et si une fois morte je devais le revoir... Je vais mourir... Tu
dois me pardonner, Suzanne, je t'en prie, pardonne-moi ! Dites-lui
monsieur le curé de me pardonner, dites-lui !

Marguerite ne dit plus rien à présent, elle halète en attendant la
réponse de sa sœur aînée.

Suzanne cache son visage dans ses mains et pleure. Elle
s'imagine avec lui... Elle pense à lui, comme elle aurait pu l'aimer !
Comme elle a le cœur déchiré ! Elle revoit le seul baiser qu'elle a
donné et reçu de sa vie et puis... plus rien !

Marguerite, à l'agonie, lui dit encore une fois :

— Grande sœur, je vais mourir, je te le demande pour la dernière
fois, je t'en prie, pardonne-moi !

Le prêtre se lève alors de sa chaise et s'adresse à Suzanne d'une
voix déterminée :

— Mademoiselle Suzanne, votre sœur va mourir !

Suzanne retire les mains de son visage baigné de larmes, puis se
précipite vers sa sœur pour l'embrasser. Tout en la serrant contre
elle, elle lui dit :

— Je te pardonne, je te pardonne, petite sœur...

Compréhension écrite et orale

1 Écoutez l'enregistrement du chapitre, puis remettez les phrases dans l'ordre chronologique.

a ☐ Un soir, elle les a vus s'embrasser et elle a eu envie de les tuer.

b ☐ Henry en a mangé trois et il est mort.

c ☐ Suzanne repense au seul baiser qu'elle a reçu d'Henry mais décide de pardonner sa sœur.

d ☐ Elle l'a trouvé si beau qu'elle s'est mise à rêver de lui.

e ☐ Marguerite a décidé de ne jamais quitter sa sœur et d'attendre le bon moment pour tout lui dire.

f ☐ Marguerite avait douze ans lorsqu'elle a vu Henry de Sampierre pour la première fois.

g ☐ Elle a eu beaucoup de chagrin quand elle a su qu'il allait se marier avec sa sœur.

h ☐ Elle a alors décidé de mettre de la poudre de verre dans les gâteaux que sa sœur préparait pour Henry.

DELF 2 Lisez le chapitre, puis répondez aux questions.

1 Que venait faire Henry chez les de Thérelle ?

2 Qu'a éprouvé Marguerite en voyant Henry ?

3 Pourquoi a-t-elle eu beaucoup de chagrin ?

4 Que faisait Suzanne tous les après-midi pour Henry ?

5 Que voulait faire Marguerite quand elle serait plus grande ?

6 Qu'a-t-elle fait quelques jours avant le mariage de Suzanne et d'Henry ?

7 Qu'a-t-elle ensuite décidé de faire ?

8 Comment Suzanne réagit-elle en entendant sa sœur se confesser ?

3 **Parmi les trois résumés, lequel correspond au chapitre.**

a

Marguerite est tombée amoureuse d'Henry de Sampierre. Elle a eu beaucoup de chagrin quand elle a su que sa sœur devait l'épouser. Jalouse, elle a décidé de mettre fin à leur amour en mettant de la poudre de verre dans un morceau de pain. Henry est mort trois jours après l'avoir mangé. Marguerite a décidé qu'elle ne quitterait jamais sa sœur et qu'un jour elle lui dirait toute la vérite. Quand Suzanne l'a su, malgré sa douleur, elle a décidé de pardonner à sa sœur.

b

Marguerite avait douze ans quand elle a vu pour la première fois le futur mari de sa sœur. Elle l'a trouvé si beau, qu'elle s'est mise à rêver de lui. Elle a décidé que sa sœur ne pouvait pas l'épouser car Henry devait être à elle. Lorsqu'elle les a vus s'embrasser, elle a eu envie de les tuer. Elle a décidé de mettre de la poudre de verre dans les gâteaux que sa sœur préparait pour son futur mari. Après les avoir mangés, Marguerite a été malade et lui, il est mort. Marguerite a décidé de ne plus quitter sa sœur. Après sa confession, Suzanne repense à Henry, mais elle pardonne à sa sœur.

c

Marguerite a aimé le futur mari de sa sœur la première fois qu'elle l'a vu. Elle s'est mise à rêver de lui. Elle a décidé que sa sœur ne pouvait pas se marier avec lui, c'était elle qui plus tard devait l'épouser. Mais quand elle a vu que le mariage allait avoir lieu, elle a commencé à le détester. Elle a décidé de lui faire manger des gâteaux pleins de poudre de verre. Il est mort trois jours après les cygnes. Elle a décidé de rester vivre avec sa sœur et de lui dire, un jour, la vérité. Quand Suzanne apprend la véritable histoire, elle décide de pardonner à Marguerite.

Enrichissez votre **vocabulaire**

4 Écrivez chaque mot sous la photo correspondante.

un marteau	un jardinier	une poche
un gâteau	épier	un clair de lune
un cygne	des sapins	des morceaux de verre

1

2

3

4

5

6

7

8

9

5 Trouvez dans le chapitre le synonyme de chaque mot.

1   haïr ....
2   se balader ....
3   s'imaginer ....
4   se marier ....
5   aimer (beaucoup) ....
6   la peine ....

6 Écoutez l'enregistrement, puis indiquez la ou les recette(s) où l'on trouve chaque ingrédient.

	1	2	3
1 levure	☐	☐	☐
2 œuf	☐	☐	☐
3 beurre	☐	☐	☐
4 lait	☐	☐	☐
5 vanille	☐	☐	☐
6 huile	☐	☐	☐
7 farine	☐	☐	☐
8 sel	☐	☐	☐
9 sucre	☐	☐	☐
10 yaourt	☐	☐	☐

DELF **7** Associez les quantités aux aliments.

1   ☐ une cuillerée   a   de farine
2   ☐ une pincée   b   de lait
3   ☐ un litre   c   de levure
4   ☐ un pot   d   de sel
5   ☐ 100 grammes   c   d'huile
6   ☐ un sachet   e   de yaourt

La ville de Châtel-Guyon.

Maupassant et
Châtel-Guyon

L'action du prochain conte se déroule à Châtel-Guyon. Pourquoi Maupassant choisit-il cette ville en particulier ?

La maladie de Maupassant

En 1877, alors que Maupassant est âgé de 27 ans, il commence à ressentir les premiers symptômes de sa maladie : il a probablement la syphilis. En 1884, son système nerveux est atteint et sa santé ne cessera de se dégrader. Maupassant devient dépressif et perd ses capacités intellectuelles, deux ans avant sa mort. Il mourra fou dans une clinique de Paris.

Maupassant aux thermes de Châtel-Guyon

Ses problèmes de santé se ressentent dans ses œuvres. En raison de sa maladie, il doit suivre des cures thermales.

Il fait un premier séjour à Châtel-Guyon à l'Hôtel des Princes au début du mois d'août 1883. La ville est alors en pleine effervescence : construction de villas opulentes, d'hôtels de très grand standing où se croisent maharadjahs, émirs, princes... Parfois, Guy s'ennuie, comme le héros du conte *Le tic*, d'autres fois il est très intrigué par tout ce luxe : il observe les médecins et étudie les mœurs des autres curistes.

Il fera une nouvelle cure à Châtel-Guyon en août 1885, puis en 1886. Il écrira : « Je viens de faire d'admirables excursions en Auvergne, c'est vraiment un pays superbe et d'une impression particulière, que je vais essayer de rendre dans le roman que je commence. » Il s'agit du roman

Les thermes de Châtel-Guyon.

Les volcans d'Auvergne.

Mont-Oriol, où Maupassant fait une description détaillée et satyrique de l'ambiance qui régnait dans cette ville à cette époque (fin de la dépression économique et début de la « Belle Époque »).

Pour en savoir un peu plus sur la ville

Châtel-Guyon est une cité thermale qui se trouve dans la région Auvergne, à 20 km de la ville de Clermont-Ferrand.

Le nom de Châtel-Guyon vient de « Château de Guy ». En 1185, Guy II d'Auvergne, comte d'Auvergne, y fait construire des tours sur une colline pour protéger Riom, la ville voisine. Aujourd'hui, le château a disparu mais le village de Châtel-Guyon est resté.

Son théâtre

Inscrit à l'Inventaire supplémentaire des monuments historiques depuis 2003, le théâtre de Châtel-Guyon, symbole de la Belle Époque, incarne de nouveau, depuis 2009, la vie culturelle de la ville. Il avait été fermé en 2004 en raison de la diminution de la fréquentation thermale de la ville.

Le festival de Jazz

Chaque année depuis 1998, on peut assister au festival « Jazz aux Sources » pendant le week-end de la Pentecôte. Des danseurs de Bebop, de Lindy Hop et de claquettes viennent de toute la France pour participer aux stages et aux improvisations des meilleurs groupes de jazz. Dans les rues, de nombreuses parades défilent le temps du week-end.

Les thermes et le casino

En 1817, la ville décide de construire un établissement de bains. Près d'un siècle plus tard, elle devient une grande station thermale grâce à son théâtre, aux Grands Thermes et au Casino.

Châtel-Guyon possède douze sources thermales et ses eaux sont réputées pour leur teneur en magnésium.

Compréhension écrite

1 Lisez le dossier, puis complétez le tableau en indiquant pour chaque date ce qui s'est passé.

Dates	Événements
1185	
1817	
1877	
1883	
1884	
1886	
1998	
2003	
2009	

1 Que se passe-t-il pour Maupassant à l'âge de 27 ans ?

2 Que se passe-t-il deux ans avant sa mort ?

3 Pour des raisons de santé, que va-t-il être amené à faire ?

4 Où auront lieu principalement ses cures thermales ?

5 Comment sait-on que Maupassant apprécie l'Auvergne ?

6 Qu'est-ce que la ville de Châtel-Guyon a de particulier au niveau patrimonial ?

7 Que se passe-t-il durant le week-end de la Pentecôte ?

8 Grâce à quoi la ville de Châtel-Guyon est-elle devenue une grande station thermale ?

Production écrite et orale

❸ Par groupe, faites une recherche sur Internet concernant le festival « Jazz aux Sources ». Lisez le programme et donnez votre avis. Dites si vous aimeriez y participer et pourquoi. Vous pouvez baser votre exposé en parlant de vos goûts musicaux.

CHAPITRE **1**

Aux thermes

Je me trouve à Châtel-Guyon pour un séjour thermal que je m'offre chaque année. Comme tous les soirs depuis quinze jours, je dîne au restaurant de l'hôtel. La seule et unique distraction qui interrompt la monotonie des soirées est de regarder les gens nouveaux entrer dans la salle pour manger. Chaque jour de nouvelles personnes arrivent, d'autres partent. On se fait des amis pour quelques jours qu'on oublie à la fin du séjour, dès qu'on franchit le pas de la porte. Parfois des amitiés durables et sérieuses se forment et on espère alors retrouver ces liens d'affection l'année suivante. Mais malheureusement, je n'ai pas eu le plaisir, au cours de ce nouveau séjour, de retrouver une de ces amitiés.

Ce soir-là donc, comme tous les soirs depuis quinze jours, j'attends dans la solitude l'arrivée de visages inconnus. Je suis tranquillement assis à ma table habituelle et je commence mon repas. Cependant, je lève la tête à chaque fois que la porte s'ouvre, j'attends avec impatience la surprise. À un moment donné, un couple étrange fait son apparition. Il s'agit d'un père et de sa fille. Ils ont l'air charmant mais semblent en même temps malheureux : comme s'ils avaient été victimes de la fatalité. L'homme est grand et maigre, un peu bossu, les cheveux blancs, bien trop blancs pour son visage encore jeune. La fille, probablement âgée de vingt-quatre ou vingt-cinq ans, est petite et maigre elle aussi. Elle est très pâle et a l'air fatigué. Elle est belle cependant. Elle mange avec une extrême lenteur comme si elle avait des difficultés à bouger le bras. Le père et la fille se trouvent à la table juste à côté de la mienne si bien que je peux les observer discrètement. J'ai remarqué immédiatement que le père a un tic nerveux. À chaque fois que sa main veut atteindre un objet, elle fait un zigzag avant de parvenir à le toucher. J'ai aussi remarqué que la jeune fille porte un gant à la main gauche, même pour manger. Après le dîner, je sors pour faire ma promenade habituelle et admirer le paysage : j'aime regarder à l'infini [1] l'alternance des volcans et des pics. C'est un spectacle dont je ne me lasse jamais et que je retrouve chaque année avec plaisir. Il fait très chaud ce soir-là. Je marche dans l'allée principale du parc de l'hôtel lorsque j'aperçois, venant dans ma direction, le père et sa fille. Au moment de passer à côté de moi, l'homme s'arrête et me demande, après m'avoir salué très courtoisement :

— Excusez-moi monsieur, pouvez-vous nous indiquer une jolie promenade à faire, s'il vous plaît ? Courte et facile si possible ?

Je propose de les accompagner vers la rivière, promenade qui correspond aux deux exigences imposées par l'homme. Nous nous

---

1. **À l'infini** : beaucoup.

mettons en route et nous commençons à discuter des bienfaits de la cure thermale.

— Ma fille a une étrange maladie dont on ne sait pas l'origine, me dit-il. Elle souffre de troubles nerveux incompréhensibles. Parfois les médecins pensent qu'elle a une maladie de cœur, parfois qu'elle a une maladie de foie. Aujourd'hui, ils disent qu'il s'agit de l'estomac. En somme, voilà la raison pour laquelle nous sommes ici. Moi, je crois bien que ce sont les nerfs.

Je pense immédiatement au tic de sa main et je lui demande :

— Mais n'avez-vous pas pensé que cela pouvait être héréditaire ? Vous-même semblez avoir plutôt les nerfs fragiles, non ?

Il me regarde un peu étonné et me répond d'un ton calme :

— Moi ? Mais je n'ai jamais eu les nerfs malades…

Il semble réfléchir en même temps qu'il parle, il hésite quelques secondes puis d'un seul coup, il me dit :

— Ah ! Je crois avoir compris, vous faites allusion à mon tic ? Au mouvement que fait ma main à chaque fois qu'elle veut atteindre un objet, n'est-ce pas ? C'est le résultat d'une émotion terrible que j'ai eue. Vous ne pouvez pas imaginer ce qui est arrivé à ma fille…

Il reste silencieux quelques secondes comme pour prendre des forces puis il ajoute :

— Elle a été enterrée vivante !

Je ne sais plus quoi dire, je suis à la fois surpris et effrayé. Je crois qu'il s'en rend compte. Il pose sa main sur mon bras, puis il me dit :

— Vous voulez sûrement comprendre comment cela a pu arriver ? Venez, rentrons, je vais vous raconter toute l'aventure. Je préfèrerais cependant vous parler de cette histoire sans la présence de ma fille. Cela pourrait éveiller en elle des émotions qu'elle a eu tant de mal à surmonter, vous comprenez ?

Compréhension écrite et orale

DELF **1** Écoutez l'enregistrement du chapitre, dites si les phrases sont vraies (V) ou fausses (F), puis corrigez celles qui sont fausses.

		V	F
1	Le personnage principal se trouve à Châtel-Guyon pour un séjour touristique.	☐	☐
2	Parfois, des amitiés durables se forment durant son séjour.	☐	☐
3	Il attend avec impatience la surprise : à un moment donné un père et sa fille font leur apparition.	☐	☐
4	Ils ont l'air charmant et très heureux.	☐	☐
5	Le père a un tic nerveux et la fille porte un gant à la main droite.	☐	☐
6	Le soir, le personnage principal propose d'accompagner le père et sa fille vers la rivière.	☐	☐
7	Le père raconte qu'il souffre de troubles nerveux incompréhensibles.	☐	☐
8	Il dit que sa fille a été enterrée vivante et il veut raconter ce qui s'est passé.	☐	☐

2 Le soir, le personnage principal raconte dans son journal intime sa rencontre avec le père et sa fille. Fatigué ou sous l'effet de l'émotion, il s'est trompé dans la chronologie de la journée. Lisez le chapitre et aidez-le à remettre les paragraphes dans l'ordre chronologique !

a ☐ J'ai remarqué que le père avait un tic nerveux : sa main fait un zigzag à chaque fois qu'elle veut atteindre un objet. Sa fille, elle, porte un gant à la main gauche même pour manger.

b ☐ Le père m'a raconté que sa fille avait une étrange maladie dont ils ne comprennent pas l'origine. Il pense qu'elle est malade des nerfs.

c ☐ Il voit que je veux comprendre ce qui est arrivé à sa fille et propose de me raconter toute l'aventure. Il veut bien le faire mais sans la présence de sa fille.

d ☐ Je suis assis à ma table habituelle et j'attends avec impatience la surprise. Soudain, je vois entrer un étrange couple.

e ☐ Le soir, alors que je marchais dans l'allée principale, je les ai vus. Je leur ai proposé de les accompagner vers la rivière et nous avons commencé à discuter.

f ☐ Cela fait quinze jours que je me trouve à Châtel-Guyon pour un séjour thermal. Ma seule et unique distraction, c'est de regarder les nouveaux curistes entrer dans la salle pour manger.

g ☐ Le couple s'installe à la table qui se trouve à côté de la mienne. Il s'agit d'un père et de sa fille. Ils ont l'air très malheureux.

h ☐ Le père m'explique que son tic est dû à une émotion terrible : sa fille a été enterrée vivante !

3 De retour chez lui, le personnage principal raconte l'histoire à un ami. Cet ami est très intéressé et pose beaucoup de questions. Lisez le chapitre, puis complétez le dialogue.

L'ami : Que faisiez-vous à Châtel-Guyon, mon ami ?

Le personnage principal : ....

L'ami : Avez-vous rencontré de nouvelles personnes ?

Le personnage principal : ....

L'ami : Quelle impression avez-vous eue ?

Le personnage principal : ....

L'ami : Qu'est-ce qu'ils avaient de particulier ?

Le personnage principal : ....

L'ami : Est-ce que vous avez réussi à parler avec eux ?

Le personnage principal : ....

L'ami : Et qu'est-ce que vous avez découvert ?

Le personnage principal : ....

L'ami : Et lui, pourquoi a-t-il un tic ?

Le personnage principal : ....

L'ami : Quelle émotion ? Racontez-moi vite !

Le personnage principal : ....

Enrichissez votre **vocabulaire**

4 Associez chaque verbe à son synonyme, puis faites cinq phrases avec cinq verbes de votre choix.

1	☐	arrêter	a	franchir
2	☐	passer	b	interrompre
3	☐	arriver	c	atteindre
4	☐	apercevoir	d	parvenir
5	☐	appuyer	e	remarquer
6	☐	réussir	f	poser
7	☐	développer	g	surmonter
8	☐	dominer	h	éveiller

5 Complétez la grille de mots croisés à l'aide des définitions.

1   Le dîner et le déjeuner en sont.

2   C'est une montagne pointue. Celui *du Midi* est célèbre.

3   Cette voiture ne va pas tout droit, elle fait des ... !

4   On peut la faire à pied, à cheval, en vélo.

5   Un lien d'affection.

6   On aime l'admirer !
Qu'il soit de
montagne ou de
campagne.

7   On le dit de quelqu'un
qui a une bosse.

8   Le contraire de
rapidité.

9   Un geste nerveux et
répété.

10   Il crache parfois du
feu et de la lave.

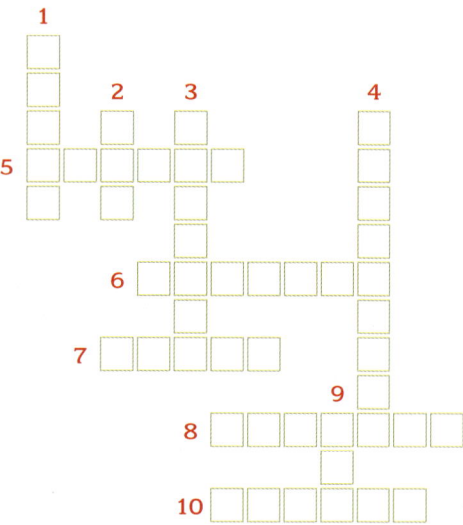

6 Un peu d'anatomie ! Associez chaque expression à sa signification, puis complétez les légendes avec les organes ou les parties du corps indiqués.

1 ☐ Avoir l'estomac dans les talons.
2 ☐ Prendre ses jambes à son cou.
3 ☐ Avoir les foies.
4 ☐ Avoir le cœur gros.
5 ☐ Avoir la tête sur les épaules.
6 ☐ Se lever du pied gauche.

a Avoir peur.
b Avoir très faim.
c Être triste.
d Être de mauvaise humeur.
e S'enfuir en courant.
f Être plein de bon sens.

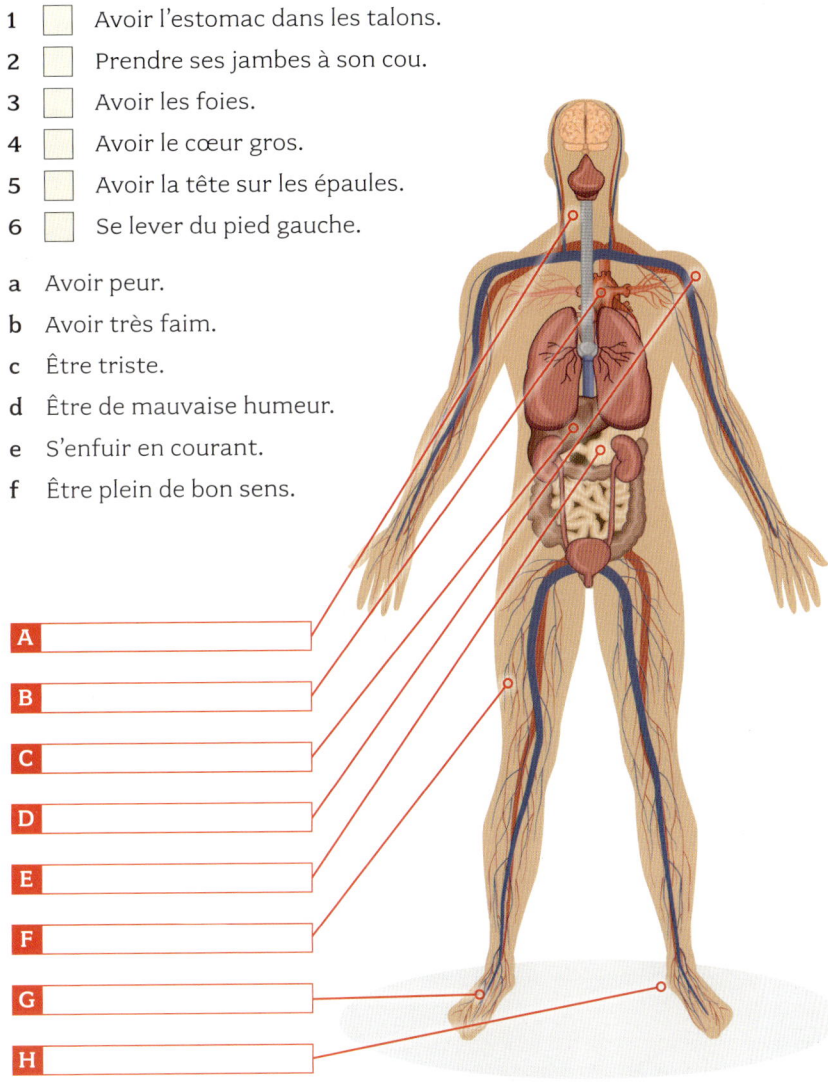

A
B
C
D
E
F
G
H

75

Production écrite et orale

 **7** Vos souhaitez offrir un séjour à vos parents pour Noël. Vous pensez qu'un séjour aux thermes en Auvergne leur fera le plus grand bien. Voici trois dépliants. Choisissez le séjour qui vous tente le plus en justifiant votre choix.

La Pause Délices

Vous disposez de deux jours et vous souhaitez les consacrer à des moments de bien-être dans un cadre agréable ?

Le séjour Thermhôtel 2 jours et 1 nuit à Bourbon-l'Archambault est fait pour vous !

Un programme de 7 soins par jour : hydromassage, aérobain, trombes en immersion, ondée thermale, lit thermomassant 15 minutes, bain de vapeur et modelage 20 minutes.

À partir de **200,00€/pers.**
1 jour 2 nuits Base chambre double. **Pension complète.**

La parenthèse thermale au Celtô

Dans une ambiance familiale et conviviale, le centre de bien-être Celtô vous accueille le temps d'un week-end pour un séjour de détente et de relaxation.

2 accès à Celtô :
- Sauna
- Hammam
- Jacuzzi
- Piscine d'Eau Thermale
- Douches
- Ludiques...

À partir de **92,50€/pers.** • **1 jour 1 nuit** • Base **chambre double** • **Demi-pension**

Séjour Mon dos et moi

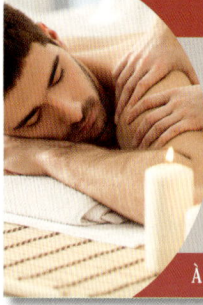

Vous souhaitez retrouver toute votre énergie et prendre soin de votre dos ? À l'établissement thermal de Bourbon-l'Archambault, tout est prévu pour vous y aider.

Un programme de 4 soins par jour au choix : bain hydromassant, bain avec aérobain, trombes en immersion, gymnastique en piscine, ondée thermale, cataplasmes de kaolin

À partir de 292,50€/pers. 2 jours 2 nuits Base chambre double. Demi-pension.

Une triste aventure

Nous rejoignons sa fille qui marche devant nous, et nous prenons le sentier qui mène à l'hôtel. Après l'avoir accompagnée dans sa chambre, il vient me rejoindre dans le salon où je l'attends avec impatience. Je suis curieux de connaître l'histoire. Je veux savoir s'ils sont victimes de la fatalité comme cela a été mon impression lorsqu'ils sont apparus dans la salle à manger de l'hôtel…

Nous sommes tranquillement installés chacun dans un fauteuil. Il reprend :

— Voici toute l'histoire. Elle est très simple et en même temps très triste : depuis sa naissance, Juliette a des accidents cardiaques. Les médecins nous ont prévenus et nous nous attendons donc à tout. Un jour, alors que nous sommes à la maison, les domestiques nous la rapportent inanimée. Elle vient de tomber dans le jardin. D'abord nous la croyons évanouie, nous essayons de la ranimer, nous faisons tout notre possible. Il n'y a plus rien à faire, elle est morte. Le médecin constate immédiatement le décès. Je suis anéanti[1]. La seule chose qui me reste à faire, c'est de la veiller, ce que je fais durant un jour et deux nuits puis je la mets moi-même dans son cercueil, je ne veux pas l'abandonner un instant. Je ne la quitte pas jusqu'au moment où, arrivés au cimetière, on la dépose dans notre caveau de famille. Elle est enterrée avec ses bijoux : bracelets, colliers, bagues et tous les cadeaux que je lui ai offerts, ainsi que sa première robe de bal. Je sais qu'elle y tient.

Comme je suis malheureux et comme je me sens vide ! Elle était la seule personne à laquelle je tenais, ma femme étant morte depuis longtemps. Je rentre chez moi, à moitié fou, envahi par la douleur. Exténué, je m'installe dans un fauteuil. Je suis incapable de bouger. Mon vieux domestique, Prosper, qui m'a aidé à mettre Juliette dans son cercueil, entre dans ma chambre et me demande :

— Monsieur veut manger quelque chose ?

Je réponds « non » de la tête sans rien ajouter. Je n'arrive pas à penser à autre chose qu'à ma fille.

— Monsieur devrait manger quelque chose. Vous risquez de tomber malade si vous ne faites pas d'efforts pour vous reprendre.

Et comme je ne réponds pas, trop occupé par les souvenirs, il finit par dire :

— Monsieur désire aller au lit ?

---

1.   **Anéanti** : détruit par la douleur.

Mais je ne désire rien, je veux juste être tranquille. Je rassemble toutes mes forces et je lui dis :

— Non, laisse-moi !

Et il sort de ma chambre. Je reste là dans mon fauteuil, sans bouger. Je ne sais pas combien de temps s'écoule [2]. La nuit est horrible. Il fait froid. Il y a du vent, beaucoup de vent. Il fait claquer les portes, les fenêtres et les volets. Je n'arrive pas à dormir. Je reste les yeux ouverts, l'esprit plein de désespoir. Tout à coup, j'entends la cloche de la porte d'entrée sonner. Je sursaute dans mon fauteuil. Je regarde l'heure à mon horloge, il est deux heures du matin. Qui peut bien sonner à la porte à cette heure-là ? Puis la cloche sonne de nouveau. Que fait Prosper ? Pourquoi n'ouvre-t-il pas ? Je décide donc de descendre pour voir qui c'est. J'ouvre la porte, j'ai peur et mon cœur bat la chamade. Une forme blanche se dresse devant moi, comme une espèce de fantôme.

Saisi de peur, je demande :

— Qui... qui êtes-vous ?

— C'est moi, papa, répond la voix.

C'est ma fille. Sur le coup, je pense que je suis en train de devenir fou et je recule devant ce spectre en faisant signe de le chasser. Avec ma main, je fais une sorte de zigzag pour lui signifier de s'en aller. C'est le geste que vous avez remarqué quand je mangeais. Depuis ce jour, ce mouvement ne me quitte plus.

L'apparition ajoute :

— Tu ne dois pas avoir peur, papa, je ne suis pas morte. On a voulu me voler mes bijoux et on m'a coupé un doigt pour me prendre mes bagues. Le sang s'est mis à couler et cela m'a ranimée.

Elle me tend sa main pour me montrer sa blessure. Elle est là,

---

2. **S'écouler** : passer.

fragile, et je pense « Ma fille est vivante ». Je tombe à genoux devant elle, je pleure d'émotion. Lorsque je reprends mes esprits[3], je l'emmène dans ma chambre. Je la fais asseoir dans mon fauteuil et j'appelle Prosper pour rallumer le feu. Je veux aussi lui demander d'aller chercher les secours. Quand l'homme entre et qu'il voit ma fille, il semble saisi d'horreur. Il ouvre grand la bouche comme pour dire quelque chose. Mais au lieu de cela il tombe raide mort sur le sol. C'est lui qui a ouvert le caveau[4] et qui a coupé le doigt de Juliette pour voler ses bagues. Après quoi il s'est enfui sans prendre soin de fermer le caveau. Il n'a pas eu besoin de prendre de précautions, il était sûr de ne pas être soupçonné car il avait toute ma confiance !

Il retient ses sanglots, puis le silence s'installe. La nuit est tombée. De l'endroit où nous sommes assis nous pouvons voir le paysage par la fenêtre. Ce paysage qui d'habitude me remplit de bonheur me semble maintenant lugubre comme l'histoire que cet homme vient de me raconter.

Après avoir écouté le récit de ces êtres étranges, une sorte de peur mystérieuse m'a envahi : cette morte retournée à la vie et ce père aux gestes nerveux se sont mis à occuper toutes mes pensées. Enfin, la trahison du domestique qui s'empare des bijoux de la morte et en même temps ramène la jeune fille à la vie : je suis resté sans voix[5] pendant un long moment.

Au bout de quelques instants, j'ai seulement réussi à murmurer :
— Quelle horrible chose !
Je ne sais pas s'il a entendu...

3. **Reprendre ses esprits** : reprendre contact avec la réalité après une forte émotion.
4. **Le caveau** : tombe.
5. **Rester sans voix** : rester muet sous l'effet de l'émotion.

Compréhension écrite et orale

DELF **1** Écoutez l'enregistrement du chapitre, puis répondez aux questions.

1 Que fait le personnage principal dans le salon ?

2 Pourquoi a-t-il hâte de connaître l'histoire ?

3 Quel est le problème de santé de Juliette ?

4 Que s'est-il passé dans le jardin ?

5 Quand le père est-il obligé de quitter sa fille ?

6 Quel sentiment éprouve-t-il suite au décès de sa fille ?

7 Que se passe-t-il la nuit suivante ?

8 Qu'a fait le domestique ?

2 Lisez le chapitre, puis indiquez ce que ressent chaque personnage. Justifiez vos réponses à l'oral en citant les phrases du chapitre.

	Le personnage principal	Le père de Juliette	Prosper, le domestique	Juliette
Il/Elle est curieux/se.				
Il/Elle est malheureux/se.				
Il/Elle est exténué(e).				
Il/Elle est préoccupé(e).				
Il/Elle est saisi(e) de peur.				
Il/Elle est rassurant(e).				
Il/Elle est ému(e).				
Il/Elle est saisi(e) d'horreur.				
Il/Elle ressent une peur mystérieuse.				

3 Cochez les objets avec lesquels Juliette a été enterrée.

1 ☐ une horloge   5 ☐ des bagues

2 ☐ des bracelets   6 ☐ un livre

3 ☐ une cloche   7 ☐ des escarpins

4 ☐ des colliers   8 ☐ une robe de bal

Enrichissez votre **vocabulaire**

4 Associez chaque icone à sa légende.

1 ☐ un vampire   5 ☐ une toile d'araignée

2 ☐ une chauve-souris   6 ☐ une maison hantée

3 ☐ une citrouille   7 ☐ un chat noir

4 ☐ une tombe   8 ☐ un fantôme

a

b

c

d

e

f

g

h

5 Choisissez la bonne réponse.

1   Nous nous attendons donc à tout.
   a ☐ Nous savons que le pire peut arriver.
   b ☐ Nous attendons avec impatience.

2   C'est la seule chose qui nous reste à faire.
   a ☐ Nous avons le choix.
   b ☐ Nous n'avons plus le choix.

3   Comme je me sens vide !
   a ☐ Une personne me manque.
   b ☐ J'ai très faim.

4   Il rassemble toutes ses forces.
   a ☐ Il fait des efforts pour se servir de ses forces.
   b ☐ Il n'a plus de force.

5   Son cœur bat la chamade.
   a ☐ Il bat vite à cause de l'émotion.
   b ☐ Il s'arrête de battre à cause de l'émotion.

6   La nuit est tombée.
   a ☐ Il fait jour.
   b ☐ Il fait nuit.

Grammaire

Les conjonctions

*Un jour, **alors que** nous sommes à la maison, les domestiques nous la rapportent inanimée.*

Les conjonctions de coordination et de subordination et les locutions conjonctives sont des mots ou groupes de mots invariables qui ont pour fonction d'unir deux mots ou deux propositions.

Conjonctions de coordination	Conjonctions de subordination	Locutions conjonctives
mais, ou, et, donc, or, ni, car	*que, quand, comme, si, lorsque...*	*alors que, avant que, après que, pour que...*

Attention, quand **comme** signifie **combien**, il s'agit d'un adverbe : ***Comme** je suis malheureux et **comme** je me sens vide !*

6 Relevez dans le chapitre trois phrases avec une conjonction de coordination, deux phrases avec une conjonction de subordination et deux phrases avec une locution conjonctive.

7 Complétez les phrases suivantes en utilisant une conjonction de coordination, de subordination ou une locution conjonctive. Parfois, plusieurs solutions sont possibles.

1 Ce paysage me semble triste .... l'histoire que tu me racontes.
2 Il est parti .... je suis arrivée.
3 Il y aura des amis .... des membres de sa famille.
4 .... j'ai appris qu'il venait, j'ai changé de décision.
5 Nous ne sommes pas partis .... nous sommes tombés en panne, tout simplement !
6 J'ai demandé .... quelqu'un les avait vus.
7 Il est tombé .... il faisait du roller.
8 Il ne nous a pas attendu .... nous ne l'avons pas vu.

Production écrite et orale

DELF 8 Sur le site du journal en ligne *20 minutes*, vous trouvez ce témoignage sur les films d'horreur. Qu'en pensez-vous ?

Halloween – Nous sommes le 31 octobre, c'est le jour idéal pour passer une merveilleuse soirée en ressortant vos DVD de films d'horreur.

Il y a ceux qui les regardent la lumière éteinte pour ne pas rater le moment où l'héroïne est coupée en morceaux, et s'endorment épuisés et plus tranquilles après avoir eu si peur. D'autres disent qu'ils ont adoré le film, sans préciser qu'ils ont passé leur temps à se cacher les yeux. Pourquoi tant de plaisir ou tant de souffrance ? Est-ce que la seule et unique motivation sont les 184 calories en moins promises à chaque visionnage d'un film d'horreur par certains scientifiques ?

Lola, message envoyé par Facebook

Moi, j'adore les films d'horreur… Tout simplement parce que ça change du quotidien … Lorsqu'un film d'horreur se termine, je me sens plus courageuse, plus forte, plus confiante. Je les trouve plus intéressants, plus captivants, c'est parfois drôle de se faire peur car ces histoires sont tellement fausses ! Mais sur le coup, les histoires nous semblent bien réelles ! Un conseil, regardez les *Paranormal activity* ! Ils sont excellents !

Les quatre contes
de Maupassant

Les quatre contes ont été écrits entre 1883 et 1884, et ils ont tous été publiés dans la revue *Le Gaulois*.

« Apparition » et « Le tic » sont tirés du livre *Apparition et autres contes d'angoisse*. « La parure » et « La confession » sont eux tirés du livre *Les contes du jour et de la nuit*.

« Apparition »

Au XIXe siècle, le genre fantastique a beaucoup de succès. Guy de Maupassant est l'un des auteurs français les plus représentatifs de ce courant. Le plus souvent, ses contes et ses nouvelles se caractérisent par l'irruption du surnaturel dans le monde réel.

Dans « Apparition », Maupassant insiste sur la différence entre les dangers véritables et les dangers imaginaires. Cette apparition surnaturelle est décrite comme une femme ordinaire, aux cheveux dénoués, très longs et très noirs, mais elle fait peur au personnage principal. Si elle envahit ce dernier d'un sentiment glacial, c'est sans doute qu'elle n'est pas réelle. Mais en même temps, peut-on peigner les cheveux d'un spectre ?

Le dénouement de l'histoire est tragique car son ami disparaît et on ne retrouve pas la femme. Maupassant laisse planer le doute épouvantable sur cette apparition : est-elle spectre ou femme réelle ?

« La parure »

Maupassant a travaillé au ministère de l'Instruction publique, il connaît donc bien le milieu des fonctionnaires. Dans « La parure », Mathilde Loisel rêve de luxe mais vit dans la médiocrité : elle a

La parure, illustration de Jeanniot, 1906.

épousé un petit fonctionnaire. Elle n'est donc jamais satisfaite : voilà une nouvelle Emma Bovary et son mari, un nouveau Charles[1].

Pour l'ivresse d'une soirée et la recherche du bonheur dans la superficialité, ce couple devra supporter dix ans de misère et de privation afin de rembourser un bijou sans valeur. Il s'agit d'une véritable tragédie bourgeoise dont la fin est cruelle.

Cette nouvelle contient tous les ingrédients appréciés des lecteurs : fatalité, suspens, mélodrame. On trouve aussi toutes les catégories sociales : le peuple, les petits bourgeois, les riches. La situation économique conditionne l'état physique et moral. On peut conclure en disant que la richesse n'est souvent qu'apparence et que l'épreuve est formatrice.

« La confession »

Marguerite est héroïne par amour. Sur son lit de mort, elle confesse son crime resté impuni car méconnu de tous. Le mobile du meurtre est la jalousie et l'amour déçu. Dans ce conte, Maupassant restitue

---

1. Ce sont les personnages très célèbres de l'œuvre de Flaubert, *Madame Bovary*. On sait que Flaubert a eu une grande influence sur l'œuvre de Maupassant.

Une femme en état de catalepsie.

parfaitement un fait divers domestique qu'il avait lu dans un journal de l'époque.

 S'il choisit la confession plutôt que le procès pour raconter l'histoire, c'est pour souligner l'existence de secrets dans toutes les familles et démontrer que nous pouvons, devenir meurtriers par accident.

« Le tic »

Dans « Le tic », Maupassant donne la possibilité au lecteur d'expliquer le phénomène fantastique. Contrairement à « Apparition », ce conte ne se termine pas par un questionnement sans réponse. En effet, l'état cataleptique (suspension complète de l'action des muscles) dans lequel se trouve l'héroïne avant d'être ranimée est un fait observé par les scientifiques au XIXe siècle. L'hypnose est expérimentée sur des patients qui entrent en catalepsie ou en léthargie. Cette suppression volontaire et momentanée des mouvements du corps qui donne l'impression d'être passé à l'état de cadavre, est un potentiel humain et n'a donc rien de surnaturel.

Compréhension écrite

1 Parmi les quatre contes, dites ceux qui sont fantastiques et ceux qui sont réalistes. Indiquez les degrés (de 1 à 3).

Œuvres	Réaliste	Fantastique
Apparition		
La parure		
Confession		
Le tic		

2 À quel récit appartient chaque phrase ? A (Apparition), P (La parure), C (La confession) et T (Le tic).

1 ☐ Elle se réveille de son état cataleptique.
2 ☐ Une tragédie bourgeoise avec une fin cruelle.
3 ☐ S'agit-il d'un fantôme ou d'une femme ? On ne le sait pas.
4 ☐ Chacun de nous peut devenir meurtrier par accident.
5 ☐ Il ne se termine pas par un questionnement sans réponse.
6 ☐ Il s'agit d'un phénomène naturel.
7 ☐ Son crime est resté impuni.
8 ☐ Mathilde ne sait pas se contenter de ce qu'elle a.

DELF 3 Dites si les affirmations sont vraies (V) ou fausses (F).

	V	F
1 Maupassant est l'un des auteurs les plus représentatifs du genre fantastique.	☐	☐
2 Le surnaturel fait souvent irruption dans le monde réel.	☐	☐
3 Dans « Apparition », nous sommes sûrs d'avoir affaire à un spectre.	☐	☐
4 Dans « La parure », Mathilde vit dans le luxe mais a épousé un petit fonctionnaire.	☐	☐
5 Ils ont passé dix ans de leur vie à rembourser un bijou sans valeur.	☐	☐
6 Le mobile du meurtre de Marguerite est la jalousie et l'amour déçu.	☐	☐

Maupassant sur petit et grand écran

Maupassant est l'un des romanciers français les plus adaptés au monde aussi bien au cinéma qu'à la télévision. De 1909 jusqu'à aujourd'hui, on compte plus de 130 adaptations des œuvres de l'écrivain sur le petit comme sur le grand écran.

La parure : côté grand écran

Des quatre contes présents dans ce recueil, seul « La parure » a été adapté au cinéma et à la télévision : il compte une dizaine d'adaptation entre 1909 et 2007. La nouvelle est adaptée au cinéma par des réalisateurs étrangers (Américains, Anglais, Chinois et Suédois) pour lesquels elle prendra le nom de *Collier de perles*, *Collier de diamants*, ou encore, *Le bijou*. Cette œuvre a donc beaucoup inspiré les cinéastes.

Le réalisateur Claude Chabrol et l'acteur François Berléand sur le tournage de la série *Chez Maupassant*.

director

La parure : côté petit écran

La nouvelle fait aussi partie d'une série télévisée en plusieurs épisodes intitulée *Chez Maupassant*. La série, réalisée par Claude Chabrol, se base sur l'adaptation de vingt-quatre textes écrits par Maupassant. Et elle a été diffusée sur France 2 entre 2007 et 2011.

La Parure est le second épisode de la série. L'actrice belge Cécile de France joue le rôle de Mathilde Loisel.

L'actrice belge
Cécile de France.

1 **Dites si les affirmations sont vraies (V) ou fausses (F).**

		V	F
1	Quand on parle de petit écran, on parle de la télé.	☐	☐
2	Les œuvres de Maupassant n'ont été adaptées que sur grand écran.	☐	☐
3	Depuis 1909, on a fait au moins 130 adaptations des œuvres de l'écrivain.	☐	☐
4	*Chez Maupassant* est un film.	☐	☐
5	Claude Chabrol est un réalisateur.	☐	☐

[annotation manuscrite : at least (au moins)]

2 **Écoutez l'enregistrement, puis cochez les œuvres que vous avez entendu nommer durant l'interview.**

1 ☐ *Mouche*
2 ☐ *Une Vie*
3 ☐ *Le Horla*
4 ☐ *Mont-Oriol*
5 ☐ *Boule de Suif*

6 ☐ *Bel-ami*
7 ☐ *Pierre et Jean*
8 ☐ *Fort comme la mort*
9 ☐ *La parure*

1 Complétez les portraits des personnages.

1 Personnage : ....
Âge : ....
Titre du récit : ....
....

2 Personnage : ....
Âge : ....
Titre du récit : ....
Lieu du récit : ....

3 Personnage : ....
Description
physique : ....
Titre du récit : ....

4 Personnage : ....
Âge : ....
Titre du récit : ....
....

5 Personnage : ....
Description
physique : ....
Titre du récit : ....
Lieu du récit : ....

6 Personnage : ....
Métier : ....
Titre du récit : ....
....

2 Indiquez le titre de chaque récit, puis complétez les résumés avec les mots proposés.

A   Titre : ....

> fille   fatalité   bagues   désespéré   père   séjour thermal
> fantôme   couple   tic   gant   bijoux   ramenée
> Juliette   domestique   caveau   doigt

Le personnage principal de l'histoire fait un .... Un soir, il rencontre un .... étrange, il s'agit d'un .... et de sa .... Ils ont l'air victime de la .... : le père a un .... nerveux et la fille porte un .... à la main gauche même pour manger. L'homme propose de lui raconter son histoire. Un jour, sa fille .... est victime d'un accident cardiaque. Le père est .... et a suivi sa fille jusqu'au .... où elle a été enterrée avec tous ses .... Cependant, la nuit suivante alors qu'il essaie de dormir, sa fille réapparaît à son domicile. Pensant avoir affaire à un ...., il veut la chasser et il fait ce geste qui est devenu un tic nerveux. Mais c'est bien sa fille ! Elle lui raconte qu'elle a été .... à la vie grâce au .... Celui-ci a ouvert son cercueil puis lui a coupé un .... pour lui voler ses .... !

B   Titre : ....

> fausse   invitation   soirée   emprunté   rivière de diamants
> femme   mari   robe   rembourser   collier

Le .... de madame Loisel rentre un soir avec une .... : lui et sa femme sont invités à une .... qui aura lieu à l'hôtel du ministère. Il propose à sa ...., qui n'a rien à se mettre, de lui acheter une .... et de se faire prêter un .... par une amie à elle. La soirée est magnifique et Mathilde est très heureuse. Mais lorsqu'elle rentre chez elle, elle se rend compte qu'elle a perdu la .... que son amie lui avait prêtée. Ils vont alors devoir passer toute leur vie à .... l'argent qu'ils ont .... pour racheter la rivière de diamants. Quelques années plus tard, Mathilde apprend par hasard que la rivière de diamants était .... !

C Titre : ....

> quelques jours plus tard   marquis   mission
> Rouen   rendre un service   fantôme
> chambre   lettres   désespéré

Un samedi soir, un .... nous raconte une histoire qui lui
est arrivée. Il a rencontré dans les rues de .... un ami qui
lui a demandé de lui .... : récupérer des ....
dans le château où il habitait avec sa femme avant qu'elle ne meure.
Il est tellement .... qu'il ne veut plus y aller. Le marquis
accepte cette .... de confiance. Mais lorsqu'il arrive dans
la .... où il doit récupérer les lettres, il rencontre un
.... À son retour à Rouen, il a envoyé quelqu'un donner les
lettres à son ami. Mais lorsque ...., le marquis a voulu lui
rendre visite, celui-ci avait disparu.

D Titre : ....

> veuve   mourir   sœur   mariage
> gâteaux   jalouse   Henry   Marguerite
> douze   pardonner   futur mari
> promesse   Suzanne   vie

.... est sur son lit de mort. Mais avant de ....,
elle veut confesser à sa .... un secret qu'elle a gardé
toute sa vie. À .... ans, Marguerite est tombée follement
amoureuse d'........................., le .... de sa sœur.
........................., elle décide de tuer Henry quelques jours avant son
.... avec .... Elle met de la poudre de verre dans
les .... que Suzanne préparait pour lui. Suzanne a décidé
de rester .... toute sa vie. Elle a tenu sa ....
Marguerite décide à son tour de passer toute sa .... auprès
de sa sœur. Elle aussi a tenu sa promesse. Maintenant qu'elle doit
mourir, elle veut se faire .... par sa grande sœur.

3 Trouvez le mot et la photo qui correspondent à chaque définition.

1 ☐ Il est allé hanter le château de l'ami du marquis.
Un _ _ _ _ _ _ _

2 ☐ Celui chez qui les Loisel ont racheté la parure.
Le _ _ _ _ _ _ _ _ _

3 ☐ Sa mission est d'aller en récupérer au château de son ami.
Des _ _ _ _ _ _ _

4 ☐ Suzanne en a fait beaucoup couler sur ses joues.
Des _ _ _ _ _ _

5 ☐ La cérémonie où Henry et Suzanne allaient s'unir avant qu'Henry ne meure. Le _ _ _ _ _ _ _

6 ☐ Juliette en porte un, pour cacher son doigt coupé. Un _ _ _ _

Les structures grammaticales employées dans les lectures graduées sont adaptées à chaque niveau de difficulté.

L'objectif est de permettre au lecteur une approche progressive de la langue étrangère, un maniement plus sûr du lexique et des structures grâce à une lecture guidée et à des exercices qui reprennent les points de grammaire essentiels.

Cette collection de lectures se base sur des standards lexicaux et grammaticaux reconnus au niveau international.

Niveau Trois B1
Niveau intermédiaire du Cadre Européen Commun de Référence

Points de grammaire traités dans ce niveau
Les pronoms personnels groupés
Les pronoms relatifs simples (*où/dont*) et composés
La mise en relief
Le discours indirect au passé
La forme passive
Le passé simple, le plus-que-parfait, le futur antérieur
Le conditionnel présent et passé
Le subjonctif (identification)
Le passé récent
L'infinitif
Le gérondif
L'accord du participe passé (particularités)
La concordance des temps
Les phrases hypothétiques complexes